Plantando cara a la infertilidad

Laura Puerto Martín

2ª edición
revisada y aumentada

LIBERUM VOX
B O O K S

A mi madre, por estar a mi lado y no separarse de mí en ningún momento en esta dura experiencia, por su incondicional apoyo y amor desde que nací. Ella me animó a relatar mi historia, y poco a poco me contagió de su ilusión por llevar a cabo este proyecto.

Nunca te podré pagar todo lo que me has dado.

A mi marido, por estar a mi lado en los momentos difíciles.

A mi hermano, por la ayuda, apoyo, cariño y protección que me ha brindado siempre. A mi cuñada, por su apoyo, y a mi sobrino, por hacerme sonreír en los momentos tristes.

A mis tíos, primos, amigos y compañeros de trabajo, por todo el cariño ofrecido desde que han sido partícipes de mi situación.

A mis compañeras y amigas tanto del foro de lainfertilidad.es como de la #infertilpandy de Twitter, por convertir en más fácil un camino lleno de obstáculos y hacerme sentir acompañada, querida y comprendida en todo momento.

A Térvalis Desarrollo, porque ha demostrado que hay empresas que sí apoyan a las trabajadoras que queremos ser mamás.

A los doctores Cabanillas, Ferro y Villalba; Ana, Lucía, y todo el equipo del IVI, que han hecho posible el final feliz de mi historia. Y, en especial, al doctor Carlos Simón, por ser una de las personas más influyentes en el éxito de mi proceso, por tratarme con el cariño con el que me ha tratado siempre, y por dedicarme unas palabras tan personales y emotivas en el prólogo.

A las doctoras Parrilla, Domingo, Lara y Olmo, al doctor Serra, y a Inma y Pilar, por su ayuda durante mi tratamiento y embarazo.

Al servicio de neonatología y lactancia del hospital La Fe de Valencia, por el excelente trato y cariño hacia mis niños en sus primeros meses de vida.

A Marian Cisterna y Javier Gracia, por sus primeros consejos a la hora de escribir el libro.

A Ángeles y a la editorial Liberum Vox Books, por confiar en mi libro en esta segunda edición, y a ti, por leerlo.

A mi padre, que me cuida desde arriba y representa lo mejor de mi pasado. Y a mis hijos, que son lo mejor de mi futuro.

ÍNDICE

Prólogo
a la 1ª edición

Carlos Simón

Catedrático de Obstetricia y Ginecología.
Universidad de Valencia.
Director Científico del IVI e Igenomix.
Profesor Adjunto de Obstetricia y Ginecología.
Universidad de Stanford, California, USA.

El deseo de tener un hijo es posiblemente la llamada biológica más potente que tenemos los humanos, y de forma muy especial las mujeres.

Cuando una mujer quiere tener hijos y estos no llegan, la vida se nubla a su alrededor, pasando de un sentimiento de culpa a otro de indignación hasta aceptar que se trata de un problema médico como cualquier otro, que se ha de resolver con ayuda facultativa, voluntad, constancia y confianza en su médico.

Desde la parte médica, los adelantos técnicos realizados desde 1978 cuando nació el "primer bebe probeta" de la mano del Profesor Robert G. Edwards en Inglaterra han sido gigantescos. En la actualidad más de 7 millones de niños han nacido gracias a las técnicas de reproducción asistida en todo el mundo. En Europa, el porcentaje de niños nacidos por estas técnicas oscila del 2 al 6% de la población, dependiendo del país, y se realizan 1,5 millones de ciclos de fecundación in vitro al año en todo el mundo. En 2010, el Premio Nobel de Medicina le fue otorgado a Robert G. Edwards por haber hecho médicamente posible este milagro para quien no puede tener hijos.

En todo el mundo existen 48 millones de parejas infértiles, y este libro está narrado en primera persona por una de ellas. Esta obra es una narración honestamente desgarradora de los sentimientos más íntimos de una mujer valiente que pasó por todos los escalones del proceso del tratamiento de la infertilidad y no se detuvo hasta conseguir su sueño. Pero, como ella indica, bien pudiera narrar experiencias similares que cientos de miles de mujeres han pasado y pasarán para poder obtener a su hijo.

Como su ginecólogo, puedo dar fe de que todo lo relatado es estrictamente cierto. Ha sido un honor atender a Laura Puerto, una mujer valiente, decidida y generosa que, lejos de olvidar lo ocurrido, lo plasma en esta obra para que en el futuro mujeres como ella sepan que no están solas. Durante dos años he reído y llorado con ella, su madre y su marido.

Desde la primera visita me otorgó el mayor de los privilegios que una paciente le puede dar a su médico, su confianza. Confianza que siempre mantuvo, hasta en los momentos más oscuros. Y ha sido el ejemplo vivo de que, con determinación y valor, lo imposible se convierte en posible.

PRÓLOGO
a la 2ª edición

Pilar Dolz del Castellar Pareja
Psicóloga IVI Valencia

Cuando uno cree que ya no lo va a conseguir, cuando se ha agotado la fuerza, el valor, incluso la ilusión... Ocurre el Milagro.

Es parte del proceso emocional por el que pasan muchas personas cuando necesitan ayuda médica para llegar a culminar, aquello que para otros parece tan fácil y natural: Tener hijos, ser padres, ser madre, sentirse activos en el proceso evolutivo de su propia especie. Poder ejercer una de las 24 fortalezas que la psicología positiva afirma que tenemos los seres humanos: DAR. Y además de forma incondicional, como se da a los hijos, sin esperar nada a cambio y con la satisfacción de ver o intuir el resultado de la educación, de los cuidados, los desvelos, paso a paso, día a día, noche a noche, la satisfacción de formar a los hombres y mujeres del futuro que quizá modelen, cambien o mejoren el mundo. Y estas personas quieren experimentar estas vivencias, estas mujeres quieren comprobar lo que se siente cuando se cumplen las expectativas de eso que llaman el "instinto maternal". Creemos y sentimos que tenemos ese derecho. Pero resulta que la paternidad y maternidad no son exactamente un derecho sino una capacidad y como tal puede ser insuficiente, por distintas razones, entonces entra en escena la Reproducción Asistida. A veces, el proceso es largo y tedioso y hay que convivir con conceptos como Infertilidad, in vitro, Inyección intracitoplasmática, Beta, etc. y las personas se preguntan ¿por qué a mí?, ¿qué puedo hacer para sobrellevar esto? Laura nos da su propia respuesta: *"Plantando cara a la Infertilidad"*. Valioso testimonio en primera persona con sus temores y preocupaciones. Laura es valiente, pero la valentía no está exenta de miedos, la valentía es el triunfo sobre el miedo.

Su relato personal, íntimo, sus preocupaciones e inquietudes, suponen la voz que une a estas personas con un objetivo común y ratifica que nadie es único en este proceso, que no están solos. Ella nos explica cómo superaba los obstáculos, cuáles eran sus pensamientos y sus sentimientos en cada momento hasta que se produjo el Milagro, sus dos hijos a los que cuida y se desvela noche a noche, día a día, paso a paso y por los que siente algo tan difícil de explicar y expresar con palabras.

Quizá la enseñanza que nos trasmite Laura en su relato es que la victoria siempre es posible para la persona que se niega a dejar de luchar y que cuando se vence el miedo, se destruyen los límites.

Introducción

Este libro trata sobre mi lucha contra la infertilidad[1]. Las personas que la hayan sufrido podrán verse reflejadas en mis palabras y vivencias; echarán la vista atrás y mirarán con más amor, si es posible, a sus bebés, recordando lo complicado que fue. Quienes estén en este momento batallando encontrarán una historia dura pero con final feliz, que pretende dar esa fuerza y energía positiva que a veces es normal que falte. Y las personas que son totalmente ajenas a esta experiencia tendrán la oportunidad de acercarse un poco más a los sentimientos que tenemos cada vez más y más mujeres.

Infertilidad. Una palabra dura y cruel que ha cambiado mi vida. Y a pesar de que le he ganado la guerra estará siempre ligada a mí y me dolerá de forma permanente. Aunque a lo largo del libro iréis comprobando cómo se va transformando mi actitud hacia ella.

Mi experiencia con la infertilidad se ha prolongado durante dos años. En esta etapa de mi vida he conocido a un grupo nutrido de mujeres con el mismo problema; ellas me han hecho partícipe de sus duras, largas y complicadas historias, que van desde no conseguir vencerla hasta lograrlo tras una lucha de cinco, seis, siete años…

Comparada con todas ellas, la mía no ha durado demasiado tiempo, el camino no ha sido del todo largo, pero sí muy intenso.

---

[1]Hay que distinguir infertilidad de esterilidad. La esterilidad es la incapacidad para concebir y la infertilidad la imposibilidad para finalizar la gestación con el nacimiento de un niño sano. Mi problema es de esterilidad, aunque comúnmente en los foros utilicemos la palabra infertilidad en general para referirnos a todas las situaciones.

Por fortuna, esta historia tiene un final feliz. Después de mucho pelear, un embarazo complicado y la prematuridad de mis príncipes, por fin están conmigo. Ellos me han devuelto la sonrisa que había perdido; han conseguido que el tiempo y la lucha cobren sentido. Con esto deseo transmitiros que en la mayoría de los casos se puede lograr, que siempre hay que levantarse tras la caída; y os aseguro que la recompensa merece tanto la pena que se olvida todo lo sufrido anteriormente.

La infertilidad me ha aportado muchas cosas, la mayoría negativas, pero también alguna positiva. Durante este agotador recorrido he encontrado a grandes mujeres que me han ayudado y apoyado enormemente. Ellas han sido quienes me impulsaron a mirar el problema de frente, sin asustarme ni avergonzarme.

A algunas las he conocido en persona; he tenido la gran suerte de compartir con ellas un café y alguna interesante, agradable y emotiva conversación que, aunque en ocasiones duró horas, a mí me pareció de unos pocos minutos. Me han transmitido mucha dulzura, amistad y, sobre todo, comprensión.

A otras muchas sólo las conozco virtualmente, pero seguimos en contacto y espero encontrar la forma y el momento de darles ese abrazo que tanto deseo. Se han convertido en las mejores compañeras de viaje, además de buenas amigas.

Gracias a la infertilidad he aprendido que puedes llorar las penas y celebrar las alegrías de personas a las que no conoces de nada, pero que comparten el mismo sueño; la empatía de las personas infértiles es muy grande.

Durante este tiempo he leído varios libros que me han enseñado mucho. Como contrapartida, con mi historia pretendo aportar un granito de arena para animar a las mujeres que ahora mismo luchan por alcanzar el mismo sueño que yo. Quiero también devolver parte del cariño y apoyo que he recibido. Y si puedo conseguir que alguna mujer infértil se sienta más fuerte y menos sola, habré logrado mi objetivo.

Capítulo 1

Mi primer contacto con la infertilidad. La endometriosis

Cuando empecé la aventura de buscar a mi bebé tenía 29 años, aunque realmente mi historia personal con la infertilidad se inició a los 22.

Mi madre insistía en que fuera a hacerme una revisión ginecológica. Sería la primera. Sé que con 22 años es un poco tarde para eso, y animo encarecidamente a todas las mujeres a que se la hagan mucho antes. En mi caso puede que no hubiese marcado una diferencia significativa… o tal vez sí. Es algo que siempre me voy a preguntar y que nunca sabré.

Llegó el día de la cita y me escapé un momento del trabajo para acudir. No tenía ni idea de en qué consistiría esa primera visita, pero pensé que sería algo rápido y que podría volver pronto a la oficina.

Desde luego, no podía ni imaginar lo que iba a suceder al llegar a la consulta. La ginecóloga era joven y muy amable. Yo estaba un poco nerviosa; ir al ginecólogo es como visitar al dentista, no resulta nada agradable. Me desvestí de cintura para abajo y ella se dispuso a hacerme una citología. Mi primera citología. No soy una persona quejica, puedo decir que aguanto bastante el dolor, pero esa primera vez me dolió muchísimo; hasta me cayeron un par de lágrimas por las mejillas. Lo que no sabía en aquel momento era que poco después lloraría a mares en esa misma consulta.

Tras la citología, que no olvidaré en la vida (a esa primera le han seguido muchas más que no me han dolido en absoluto), me hicieron una ecografía, que también era la primera para mí, e igualmente imposible de olvidar. En este caso no por el dolor, porque fue completamente indolora, sino por lo que la ginecóloga vio en ella.

En cuanto me introdujo el transductor vaginal llamó a un colega y empezaron a comentar delante de mí lo que veían. Ella inquirió:

—¿Tú qué opinas? "Eso" es muy grande, hay que quitarlo.

Su compañero replicó:

—Es posible que se solucione con preoperatorios.

Pero la doctora insistía:

—Que no, que es muy grande, hay que quitarlo sí o sí.

La situación me desbordaba. Imaginad: voy a mi primera revisión, en parte por contentar a mi madre, y pensando que será algo rápido y rutinario. Estoy en el potro, abierta de piernas, con toda la vergüenza del mundo (porque para los doctores las ecografías son algo normal, pero para nosotras no), así que es todo bastante desagradable, especialmente porque es la primera vez. Y además de todo eso, no puedo evitar escuchar toda su conversación.

Sabía que estaban hablando de quistes, pero no si eran benignos o malignos. En ese momento me entró el pánico y rompí a llorar. Menos mal que la enfermera era amiga de mi madre; enseguida se acercó a consolarme y la llamó para que entrase a estar conmigo. La pobre se asustó mucho al verme así.

Tanto ese día como el resto de los que ha durado mi lucha contra la infertilidad mi madre los ha vivido conmigo, muy de cerca, y ha sufrido día a día al verme pasarlo mal. Su apoyo durante el proceso ha sido tan extraordinario que, por más que pase el resto de mi vida demostrándole mi gratitud, siempre me van a faltar palabras de agradecimiento.

En cuanto terminó la ecografía me vestí y la doctora comenzó a explicarme lo que había visto. Comentó que tenía endometriosis, y me describió con palabras sencillas en qué consiste el problema: sin motivo aparente, el tejido que expulsamos durante la regla se va a los ovarios. Allí, al no poder salir, se enquista.

La ginecóloga también me informó de que era una enfermedad que padecería el resto de mi vida. En aquel momento tenía un quiste de unos cuatro centímetros de diámetro en un ovario, y otro de seis centímetros aproximadamente en el otro. Es decir, que casi todo el ovario era quiste. No eran malignos pero, por supuesto, con ese tamaño era necesario quitarlos.

Vaya, para ser algo rápido, un puro trámite, la visita ginecológica me dejó ese regalito. Pero eso no fue todo. Después de soltarme semejante bomba, la doctora añadió que con esos quistes mis ovarios no valían. Y como solución me propuso quedarme embarazada y que después me los extirpasen.

En ese momento entré directamente en estado de shock. «A ver… ¡esto no es una opción! Espero que no sea la única, porque desde luego no es una opción. ¡Tengo 22 años y novio desde hace seis meses! ¡Qué locura me está proponiendo!».

***

Al salir de la consulta por supuesto no regresé al trabajo, sino que pedí el resto del día libre. Me encontraba en un estado en el que no era capaz de pensar.

Mi familia se volcó conmigo. En este punto empezó el largo camino de agradecimiento que debo a mis padres y a mi hermano por todo su apoyo. Empezamos a pensar en las opciones; en realidad, parecía que la operación era inevitable.

Yo me ponía en lo peor: «¿Y si después de la intervención me quedo sin ovarios?». Quería ser madre algún día. No en ese momento, pero tenía claro que deseaba tener hijos. Y términos como "adopción" o "tratamiento de reproducción asistida" estaban aún muy lejos de mi mente.

La jefa del servicio de ginecología alegó que, al tener dañados los dos ovarios, no se atrevía a operarme. Si sólo tuviese que intervenir en uno podría intentarlo, porque si la operación no producía el resultado esperado todavía me quedaría el otro; pero estando afectados los dos no quería arriesgarse. Así que me aconsejó dirigirme a una famosa clínica privada de Valencia a pedir una segunda opinión, a ver si allí podían hacer algo para preservar mi fertilidad.

Además, conocía a una paciente con un caso muy similar al mío, y los resultados que obtuvo en esa clínica fueron óptimos. Me puso en contacto con esa persona y, como Teruel es una ciudad muy pequeña, resultó que mi madre la conocía. Muy amablemente, con mucho cariño, me orientó sobre el modo de proceder y me explicó con qué médico tenía que pedir cita y qué cirujano la atendió a ella.

Entonces yo empezaba a asimilar la situación y a ver un poco la luz. Tenía confianza que en Valencia me ofreciesen una solución más viable que la de embarazarme tan joven y después quitarme los ovarios, o la de extirpármelos directamente, dejándome sin la posibilidad de tener hijos.

Fue la primera vez que la perspectiva de la reproducción asistida se me pasó por la cabeza. Llamé por teléfono a la clínica y pedí cita con el doctor que me habían aconsejado. Al ser un centro privado no había casi lista de espera, y la visita se pudo fijar para pocos días más tarde.

El día de la cita mis padres me acompañaron a la clínica. Resultaba evidente mi nerviosismo. «A ver qué me proponen», pensaba. El doctor que me atendió me pareció muy simpático y agradable, y me transmitió confianza desde el primer momento. Le detallé lo que me habían dicho en la visita ginecológica y le presenté todos los informes correspondientes.

Aquel día me hicieron otra ecografía. La segunda de mi vida. De nuevo la situación incómoda de subirse al potro y desvestirse de cintura para abajo delante de un desconocido. El caso es que, aunque en ese momento no lo sabía, esa situación se iba a repetir en el futuro un número incalculable de veces.

Al acabar la prueba y en cuanto me vestí y salí a la consulta, el doctor me confirmó el diagnóstico: endometriosis severa (el grado más alto). Pero no le dio excesiva importancia; es algo que se opera y ya está, no hacía falta quitarme los ovarios. También me confirmó que se trataba de una enfermedad crónica, de por vida. Aunque se extirpen los quistes, con el tiempo vuelven a aparecer, si bien puede frenarse en cierta medida con anticonceptivos.

El médico me pidió que lo pensase y que le informásemos de mi decisión. Pero no tenía nada que meditar, la solución para mí era evidente; entre las opciones que me habían ofrecido anteriormente y la nueva que me plantearon allí, la elección parecía clara: la operación sería en Valencia.

***

No fue necesario pedir que me asignaran al cirujano que me habían recomendado; el propio doctor lo llamó delante de mí y le dijo que tenía un trabajo para él. Era quien se encargaba de los casos más complicados, lo cual me llevó a pensar que realmente lo mío no era ninguna tontería.

Establecimos la fecha de la operación para quince días después. El doctor me recetó inyecciones intramusculares de un medicamento cuya finalidad es frenar la actividad de los ovarios y retirar la regla; lo que se podría denominar, comúnmente, una "menopausia artificial". Debía ponerme las inyecciones una vez al mes durante tres meses.

La vuelta a Teruel fue extraña. Por un lado, la reciente visita consiguió tranquilizarme bastante; el doctor me había dado muy buenas vibraciones, y lo que me explicaron en Valencia fue mucho más alentador que lo que me habían planteado en el hospital de Teruel. Pero tenía miedo a la operación, a la medicación, a que al final no obtuviéramos los resultados esperados…

Recuerdo que era junio cuando comencé con todos los síntomas que describen las mujeres con menopausia. Para empezar, sofocos frecuentes; menos mal que al estar a comienzos del verano el abanico no llamaba la atención, porque imagino que ver a una chica de veintipocos años en enero, con sofocos y con el abanico en la mano hubiese resultado cuanto menos curioso.

Tengo muy mal recuerdo de esos días. Al miedo por la operación (mi primera operación, mi primera anestesia) se unieron los síntomas de la medicación (sofocos, cambios de humor…). Afortunadamente, la gente que realmente me quería lo demostró de verdad; mis padres, mi abuela y mi hermano me hicieron ver, día tras día, que podía contar con ellos. Soportaban mi mal humor, mis miedos y mi ansiedad con una paciencia infinita.

Y digo la gente que realmente me quería, porque, por si no fuera suficiente todo lo anterior, el chico con el que llevaba seis meses saliendo, ese chico con el que mi ginecóloga me aconsejó que tuviese un hijo antes de extirparme los ovarios, rompió la relación sin ninguna explicación, de un día para otro; cinco días antes de la operación. ¡Como para ser el padre de mis hijos!

***

Cuando llegó el momento de intervenirme, como no soy de Valencia, los padres de mi cuñada que viven allí nos invitaron a mis padres y a mí a quedarnos en su casa. Agradecimos sinceramente ese gesto, porque era mucho más cómoda y acogedora esta opción para los días posteriores a la operación que la de quedarnos en un hotel. Además de cuidarme, me dieron mucho cariño; me veían tan afectada psicológicamente que intentaban consolarme a todas horas.

A las ocho de la mañana del día fijado llegamos a la clínica. Entre el madrugón y lo poco que había dormido esa noche, iba con mucho sueño. Una vez en la habitación que me asignaron me puse el camisón que me dieron y esperé al celador. No estaba demasiado nerviosa, me encontraba tan desanimada por lo de este chico que en realidad no pensaba en la operación.

Antes de que el celador viniera a buscarme aparecieron tres amigos de Teruel que habían venido a acompañarme. Madrugaron mucho para estar conmigo en ese momento, lo que hizo que me sintiera especialmente querida. Como recuerdo de aquel día aún conservo el peluche que me regalaron.

Llegó al fin el celador y me marché con él después de despedirme de todos. Una vez en el quirófano, como nunca había visto uno antes, he de reconocer que quedé impresionada. En ese momento, sólo en ese momento, dejé de pensar en mi ex y me puse auténticamente nerviosa por la operación. Mi pensamiento de consuelo fue: «Bueno, por lo menos no he sufrido por los nervios todos estos días».

La siguiente visita fue la del anestesista, que quería hablar conmigo. Era un hombre de mediana edad, encantador. Se dio cuenta de que estaba nerviosa e hizo todo lo posible por tranquilizarme. Agradecí de forma infinita su forma de tratarme; me hizo sentir tan a gusto que hasta bromeé con él.

—Te voy a poner esto en la vía y empezarás a tener sueño.

—Tranquilo, no hace falta, ya traigo el sueño de casa.

Tras mi comentario nos reímos los dos, y ya no recuerdo más. Para mí fue como si un segundo después despertase y me dijeran que ya había pasado la operación.

De vuelta en la habitación encontré allí a mis padres y a mi mejor amiga, que estudiaba en Valencia. ¡Qué alegría al verla! Volví a sentir que tenía muy buenos amigos, que me querían y apoyaban.

El cirujano pasó enseguida por la habitación con el fin de informarnos de cómo había ido la operación. Afortunadamente, todo había salido según lo esperado. Antes de marcharse, al verme tan desanimada me dedicó unas palabras de cariño que agradecí profundamente.

Además de su gran profesionalidad alabo, aún hoy, la gran humanidad de aquel doctor. Su rutina consistía en operar a unas tres chicas como yo diariamente. Yo era sólo una más en su gran lista de pacientes, pero para mí eran mis ovarios, mis futuras posibilidades de ser madre, mi vida; además de mis circunstancias personales en esos momentos. Y para él no fui simplemente un número, una más. Me trató con muchísimo cariño, como si hubiese sido su única paciente. El cirujano me citó a la semana siguiente para ver cómo evolucionaba la herida. La operación se había hecho por laparoscopia, así que no me quedó ninguna cicatriz.

Quince días después llegó la revisión con mi ginecólogo, y todo fue muy bien. Constató que el cirujano había hecho un trabajo excelente. Allí estaban mis ovarios, en su sitio y libres de quistes. Pregunté con cierto miedo si podría tener hijos en un futuro, y la respuesta fue que sí, que no me recomendaban "probar mucho" por si acaso. Ese comentario me hizo reír; una risa que no mostraba desde muchos días atrás.

Como todo había ido tan bien y veían claro que podría tener hijos, salí de allí con una idea muy equivocada de lo que tardaría en el futuro en ser madre.

***

Aquel verano fue realmente malo. A pesar de las buenas noticias sobre mis ovarios, seguía bastante hundida. Se juntaban de nuevo varias cosas: en el trabajo no estaba bien; de hecho, ninguno de mis compañeros lo estaba. Por otro lado, continuaba afectada por lo de mi ex. En aquellos días, además, me contaron que tras dejarme intentó volver con su anterior pareja y, al no conseguirlo, el mismo día de mi operación estaba ya con otra. No daba crédito: ¿cómo puede ser alguien tan insensible?

Por si fuera poco, seguía con la medicación y todos sus síntomas asociados. Mi familia y mis amigos intentaban animarme y consolarme, pero no lo conseguían, aunque se lo agradeceré siempre. Lo único que lograba levantarme el ánimo en esa temporada era mi sobrino. Por aquel entonces tenía casi un añito, y estando con él era capaz de olvidar un poco mis problemas.

Dos meses después acudí a una nueva revisión y mi ginecólogo, una vez más, fue de lo más agradable conmigo. Admitió que era normal estar triste y desanimada, pero que ya habíamos terminado con la medicación y que en cuanto volviera a tener la regla todo se normalizaría. Dijo que las cosas iban a mejorar.

En septiembre de ese año decidí dar un giro necesario a mi vida: dejé el trabajo y me marché un año a Zaragoza. Necesitaba un cambio de aires.

CAPÍTULO 2

Un poco acerca de mí

Esa temporada en Zaragoza tuvo en mí un efecto muy positivo; me ayudó a reorganizar mis ideas y sobre todo a olvidar.

Era justo lo que necesitaba, poner tierra de por medio y cambiar esa rutina que me estaba ahogando.

Un amigo intentaba ayudarme mucho en esos momentos. Y como éramos de una ciudad muy pequeña, resultó que conocía a la anterior ex de mi ex (menudo juego de palabras). Así que me contó que esa chica, además de rechazar a mi ex, le recriminó duramente la forma en la que me había tratado. Todo eso sin conocerme.

Mi amigo nos puso en contacto a esa chica y a mí, hablamos, y el resultado fue que nos caímos bien y nos hicimos amigas. Lo que es el destino… con lo que yo la había odiado sin conocerla. Hoy todavía mantengo esa amistad y, como intento ver siempre el lado bueno de las cosas, su cariño es la parte positiva que he obtenido de aquella relación de pareja. Una parte, de hecho, muy positiva.

En esa época comencé a quedar más a menudo con este amigo. Cuando regresaba los fines de semana de Zaragoza iba muchas veces al cine con él. Así que mi madre lo conocía como "el chico del cine". Y tanto me ayudó y me consoló que al año siguiente, en enero de 2006, empezamos a salir. Siempre había visto en él sólo la posibilidad de una amistad; era "imposible" que hubiese nada más. Y un día, de repente, en mi cabeza cambió algo y empecé a verlo con otros ojos. Era una buena persona que me cuidaba y me trataba muy bien. Justo lo que necesitaba.

En junio volví a Teruel. Me surgió una oportunidad laboral temporal, y además hacía ya tiempo que era capaz de cruzarme con mi ex sin que se removiese algo en mi interior.

***

Después de un breve período de calma tuvo lugar un suceso que me volvió a sumir en la tristeza.

Para que logréis comprender mis sentimientos tengo que mencionar que en mi casa, antes de que se casara mi hermano, vivíamos cinco personas: mis padres, mi hermano, mi abuela materna y yo. Mi abuela siempre había vivido con nosotros, y se comportaba como una segunda madre con mi hermano y conmigo. La quería con locura.

En septiembre de 2006 mi abuela falleció, y fueron momentos muy duros. Muchas personas opinan que es ley de vida, y es cierto, pero eso no fue ningún consuelo para mí. La echaba mucho de menos, aún hoy lo hago.

Esas Navidades fueron muy tristes; las primeras sin mi abuela, a la que cada día añoraba más. Echaba en falta sus risas, sus besos, sus abrazos… hasta sus reprimendas.

La falta de mi abuela hizo que la casa pareciera muy grande para mis padres y para mí. Aun así, poco a poco me fui acostumbrando al gran vacío que había dejado. Y así transcurrió un año... y cuando parecía que la situación había mejorado un poco, la vida nos regaló otro mal momento.

La Navidad de 2007, la segunda sin mi abuela, mi padre empezó a encontrarse mal. Incluso en Nochevieja se fue a dormir y nos dejó solas a mi madre y a mí tomando las uvas. Ese hecho nos extrañó y nos preocupó mucho a las dos.

Dos días después, mi padre fue al hospital y los médicos descubrieron que tenía una afección de corazón. Tramitaron su traslado a Zaragoza, y el día de Reyes de 2008 lo operaron de urgencia, a vida o muerte.

Los hermanos de mi padre y una amiga de la familia acudieron rápidamente para acompañarnos en esos momentos tan difíciles. También mi novio, que no se apartó de mí en ningún momento. Fueron seis angustiosas e interminables horas de operación, muy duras, en las que vivimos un sufrimiento indescriptible. No lograba imaginar lo que sería la vida sin mi padre. Ni podía ni quería pensar en un final trágico.

Tras esa larga espera nos informaron de que la operación, aunque con alguna complicación, había salido según lo previsto. Pero las siguientes horas eran críticas, así que nos pidieron que no nos fuéramos muy lejos, por si acaso no evolucionaba favorablemente.

Nos quedamos, pues, en urgencias, confiando en que no nos dijeran que el peor de los finales había ocurrido. De nuevo momentos de incertidumbre. Es curioso lo lento que puede pasar el tiempo cuanto más rápido deseas que lo haga.

Al día siguiente los doctores nos comunicaron que de momento mi padre vivía, pero que sufría un fallo multiorgánico y que, por tanto, la situación no era nada buena. Seguramente no sobreviviría a ese día. Así de duras fueron sus palabras.

No soy capaz de expresar la angustia, tristeza y desesperación que sentí en ese momento. «No puede ser —pensaba—; éste es el tipo de desgracias que les ocurren a otras personas, no a una misma». No podía evitar creer que igual aquello era una pesadilla de la cual me podía despertar en cualquier momento. Pero no, desgraciadamente todo era muy real.

No nos dejaron verlo; dijeron que ya nos llamarían si había malas noticias, así que nos fuimos a casa. Mi madre y yo nos quedábamos con una prima que vivía al lado del hospital. Esa comodidad facilitó las cosas en momentos tan duros.

De repente sonó el móvil, a mi madre y a mí nos dio un vuelco el corazón. Por fortuna, la llamada no era del hospital, sino de una amiga de mi madre para informarse acerca del estado de mi padre. Empezamos a vivir en una tensión continua.

Al día siguiente nos permitieron por fin verlo durante media hora. Estaba lleno de goteros (contamos hasta 17) y cables. Los doctores nos aportaron el mismo diagnóstico del día anterior: que de ese día no pasaría. Lo pudimos ver otra media hora por la tarde, y hasta el día siguiente ya no hubo más información; sólo nos quedaba esperar que no sonase el dichoso móvil.

Y así durante quince largos días; todos con el mismo pronóstico por parte de los médicos, y la misma tensión y angustia por la nuestra.

Después de esas dos semanas mi padre, contra todo pronóstico, empezó a mejorar. Permaneció diez días más en la UCI y después lo subieron a planta, donde se quedó ingresado durante casi un mes. Demostró entonces una fortaleza y ánimo admirables. De hecho, los médicos enviaron a varios pacientes que estaban muy decaídos a su habitación para que los animase. Todos nos sentíamos muy orgullosos de él.

Tras mes y medio por fin pudimos volver a casa todos juntos. Cuántas veces había pensado que regresaríamos sin él. Y desde entonces decidió aprovechar esa segunda oportunidad. Empezó a vivir disfrutando al máximo día a día, cada uno como si fuera el último. Y todos nosotros nos contagiamos de su entusiasmo y sus ganas de vivir; cada nueva jornada era un gran regalo.

Pasó el tiempo y empezó otra temporada buena para mí. El problema de mis ovarios estaba más que olvidado; tenía una relación con un chico que me quería y me cuidaba; mi padre estaba casi totalmente recuperado; y por fin encontré un trabajo relacionado con lo que había estudiado. En mi ciudad ya había perdido la esperanza de trabajar en mi sector, así que ese empleo llegó como caído del cielo. Los compañeros y los jefes eran muy agradables y me gustaba mucho lo que hacía.

Por fin todo encajaba de nuevo.

Pero como parece que la felicidad no quiere permanecer nunca mucho tiempo a mi lado, tuvo lugar el suceso más triste y doloroso que he vivido nunca.

Hoy por hoy, aunque he aprendido a vivir con ello, todavía no lo he superado. En febrero de 2009, de un día para otro y sin previo aviso, mi padre falleció. Después de todo lo que habíamos pasado el año anterior y de haber conseguido recuperarse totalmente, su pérdida fue un duro golpe que nadie esperaba.

Siempre estuve muy unida a mis padres, así que ese terrible acontecimiento me dejó sin ganas de hacer nada; rompió nuestra familia de repente. Mi vida se detuvo. Era un sentimiento extraño. Miraba alrededor y veía que la gente seguía con sus vidas. Y yo me preguntaba: «¿Cómo puede continuar girando el mundo si el mío se ha parado y roto por completo?». Hasta entonces me sentía feliz, creía que lo tenía todo, que no podía desear nada más. «¿Por qué esto ahora?».

Tenía en aquel momento 26 años y, sin embargo, me sentía como una niñita desvalida de doce, desprotegida ante el mundo sin su padre.

De vivir cinco personas en casa pasamos en muy poco tiempo a ser dos, mi madre y yo. Esto fortaleció nuestra relación todavía más. Yo la consolaba en sus momentos de decaimiento, y ella hacía lo mismo con los míos. Y, la verdad, unos y otros eran muy frecuentes.

Traté de centrarme en el trabajo para tener la cabeza ocupada y no pensar. Cualquier cosa me recordaba a mi padre y me hacía llorar. No había día en el que no pensara en él y en por qué se había ido tan pronto. No podría asistir a mi boda ni conocer a sus futuros nietos, y eso me entristecía de forma desmesurada. Al menos llegó a verme feliz en mi nuevo trabajo.

***

Pasó un año y mi novio y yo nos comprometimos. Y al año siguiente, en junio de 2011, nos casamos. Me desconsolaba la idea de que mi padre no me llevase al altar, como siempre había soñado. Pero lo hizo mi hermano, y realizó un dignísimo papel. Todavía recuerdo ese mágico momento: yo cogida de su brazo, caminando por el pasillo de la iglesia, orgullosos el uno del otro. Él y toda mi familia consiguieron que, a pesar de la falta de mi padre, fuese un día muy especial.

Parecía posible que empezase otra buena temporada. Lo que entonces desconocía era cómo la infertilidad me acechaba e iba a cambiar mi vida.

Capítulo 3

¡A por el bebé!

Mi marido y yo hablábamos mucho sobre tener hijos. Bueno, más bien hablaba yo y él me escuchaba, pero no parecía disgustarle la idea. Sabía que me encantan los niños y que siempre he querido ser madre.

En la Nochevieja de nuestra primera Navidad de casados mi marido brindó por el bebé que igual llegaba al año siguiente. Toda la familia nos miró y sonrió.

Unos meses después, en abril, decidimos que había llegado el momento. Ya estábamos preparados para ser padres, queríamos un bebé en nuestras vidas.

Respecto a mi problema con la endometriosis estaba tranquila. Anualmente después de la operación había acudido a revisión a la clínica de Valencia. En la primera de estas revisiones, al año siguiente de la operación, estaba muy nerviosa. Como los doctores habían insistido tanto en que era una enfermedad de por vida, y que aunque se eliminasen los quistes podrían volver a aparecer, fui con bastante miedo.

Ya me habían hecho varias ecografías pero, a pesar de ello, seguía estando igual de tensa que en la primera. Y aún me daba mucha vergüenza el momento de desvestirme y subirme al potro para que el ginecólogo utilizase el transductor vaginal. «Pero bueno, es una vez al año, lo puedo soportar», me consolaba.

Tras comenzar esa primera ecografía de revisión, el doctor comentó que todo iba muy bien; ni rastro de la enfermedad. Creo que sólo en ese momento empecé a respirar de nuevo.

Año tras año se repetía el mismo patrón: iba a la clínica con mucho miedo de que la endometriosis hubiese vuelto a aparecer y vergüenza a la hora de la citología y la ecografía. Pero la parte positiva, también año tras año, era que la enfermedad no se había reproducido.

Aquella vez adelanté la revisión. Ese día no estaba mi ginecólogo habitual y realizó la visita una compañera de su equipo. Resultó decepcionante para mí no poder ver al doctor; le había cogido cariño y era agradable saludarlo, aunque fuera una vez al año.

Como en las revisiones anteriores, la doctora encontró todo perfecto, ni rastro de la endometriosis. Le comenté entonces que mi marido y yo queríamos empezar a buscar un bebé, y me respondió que dejase los anticonceptivos y que si en un año no me había quedado embarazada pidiera cita de nuevo para empezar a hacernos pruebas. Añadió que si teníamos mucha prisa podíamos adelantar esa visita seis meses.

«Volveré el año que viene, pero a una nueva revisión y a presentarles a mi bebé», pensé. ¡Qué ingenua!

La cita había sido en abril. Como en junio tenía previsto hacerme una resonancia decidimos posponer la búsqueda hasta entonces, para asegurarnos de no tener que cancelarla.

Llegó junio, y con él nuestro primer aniversario de bodas. Era un día muy especial, y salimos a cenar mi marido y yo. Tras una romántica y agradable velada, decidimos iniciar la búsqueda de nuestro bebé. ¡Qué mejor día que ése!

Como las revisiones habían ido bien, y yo era una buena e ilusa infértil (aunque por entonces aún no lo sabía), tuve la seguridad de que habíamos dado en el clavo. Además, había escuchado de algunas personas ajenas al mundo de la medicina (así que desconociendo si su teoría tenía alguna base científica) que las mujeres que toman anticonceptivos durante muchos años, o bien se embarazan enseguida después de dejarlos, o tardan mucho tiempo en conseguirlo. En mi caso estaba tomándolos desde la operación, para frenar la endometriosis, así que llevaba ya bastantes años con ellos. Pero era optimista: «¡Seguro que tengo suerte y pertenezco al primer grupo!».

Justo entonces, una compañera de trabajo me contó que estaba embarazada. Me alegré muchísimo por ella y le informé de mis intenciones de tener también un bebé. Mi pensamiento era que, como se llevarían poco tiempo, seguro que en un futuro podrían jugar juntos en el parque. Ella lo había conseguido muy rápido, al tercer mes de búsqueda. «A ver si yo tengo la misma suerte y lo logro pronto», pensaba, expectante.

Conforme se iba acercando el día de inicio de la siguiente regla, empecé a notar todos los síntomas que pueda describir una mujer embarazada: náuseas, dolor de pechos… incluso un pequeño manchado, que jamás había tenido antes de la regla; y que, por supuesto, pensé que era de implantación.

Decidí dejar de ir al gimnasio, en parte porque no me encontraba bien físicamente, y también por si estaba ya embarazada. Bueno, por si estaba embarazada no, porque "lo estaba". Yo me sentía embarazadísima.

El siguiente paso fue comprar un test de embarazo en la farmacia; el prospecto indicaba que se podía utilizar hasta cuatro días antes de la falta. Me lo hice, muy convencida de que iba a salir positivo y de que a la primera lo habríamos conseguido. Ahora, al recordarlo, pienso en lo inocente que fui.

El test, por supuesto, dio negativo; aunque me quedé un poco decepcionada, pensé que igual era pronto para que resultase fiable. Tenía síntomas, y aunque es complicado quedarse embarazada a la primera, ¿por qué no? Así que compré otro test y volví a hacérmelo dos días después; no tenía paciencia para esperar más. Creía que con seguridad dos días antes de la falta ya se podría detectar la hormona y, por tanto, que daría positivo. Pero de nuevo el resultado fue negativo.

«Según el prospecto es un supertest. Debería detectar ya el positivo –pensé–. Igual es defectuoso…».

Dos días después me vino la regla.

Es fácil deducir cómo se sentí. Muy decepcionada y bastante ridícula. ¿Cómo podía ser? Si tenía síntomas, ¡no me los había inventado! Pero bueno, me consolé pensando que en realidad habría sido demasiada suerte conseguirlo a la primera.

Con tanta información como ofrece internet sobre los días fértiles y una aplicación en el móvil para controlarlos renové la búsqueda con toda la ilusión al mes siguiente.

Esta vez tenía que ir bien. Disponía de más información y estábamos haciendo mejor las cosas.

Pero se repitió la misma operación que la vez anterior; al acercarse el día de la regla volví a tener los mismos síntomas: pechos doloridos, náuseas, manchados… Y pensé: «Esta vez sí». Repetí el test de embarazo cuatro días antes de la falta, porque seguía llevando a cuestas la incapacidad de esperar una semana. «¿Siete días enteros? Imposible».

Más adelante la infertilidad se encargó de que, a la fuerza, adquiriese la paciencia de la que carecía.

Desgraciadamente, el test de embarazo volvió a salir negativo, con la frustración que esto conllevaba en mí. Inasequible al desaliento, repetí el test dos días después: otro negativo, nuevamente desilusión y desconcierto. «Pero… ¡de verdad que tengo síntomas!».

De este modo entramos en el tercer mes, en el que se repitió exactamente lo mismo que en los anteriores: búsqueda siguiendo rigurosamente los días fértiles, síntomas y un test negativo cuatro días antes de la falta.

Como me daba vergüenza repetir el test dos días después, en esa ocasión lo hice sin que mi marido se enterase. Volvió a salir negativo, y yo sentí de nuevo mucha frustración.

Más adelante, hablando con otras compañeras infértiles pude comprobar que lo de hacer muchos test y coleccionar negativos no era sólo cosa mía; es algo bastante común. Saberlo me hizo sentir mejor, porque en ese momento me creía una loca obsesionada con las pruebas de embarazo.

De todos modos, estaba empezando a sentir un poco de agobio. Tampoco sabía exactamente por qué había iniciado la búsqueda con tanto empeño; quizá fuese porque en agosto cumplía 30 años y siempre había querido tener un hijo antes de esa edad. A todo ello se unían también los comentarios poco afortunados de algunas personas, los típicos de: «Se te va a pasar el arroz» o «Es que ahora los jóvenes vivís muy bien, no queréis responsabilidades». También el hecho de tener síntomas me hacía ilusionar una y otra vez pensando que lo había conseguido… pero no era así. Y tal vez también a todo lo anterior se sumaba el comentario, que me seguía pesando, acerca de que si tomas anticonceptivos durante mucho tiempo te quedas enseguida o te cuesta conseguir el embarazo mucho más tiempo de lo normal. Y yo no quería tardar. Era algo que anhelaba en ese preciso momento. Decidí poner un plazo: «En Navidad quiero tener barriguita sí o sí».

Además, continuaba pensando que había suficientes indicios, no eran fruto de mi imaginación. Tenía muchísimas ganas de alcanzar la maternidad, y evidentemente estaba un poco obsesionada con el tema, pero hasta el punto de inventar los síntomas…

Tiempo después escuché también que luego de tomar anticonceptivos durante muchos años, al dejarlos es posible experimentar todas esas falsas señales de embarazo hasta que las hormonas se regulan. La noticia me alivió: todos mis síntomas y molestias tenían una explicación, ¡no me estaba volviendo loca!

Transcurrían los meses: agosto, septiembre, octubre, noviembre, diciembre… Y en cada uno de ellos la regla no faltaba a su cita, y además hacía su aparición puntualmente. De manera que en Navidad seguía sin haber alcanzado mi objetivo. Eran mis primeras fiestas navideñas buscando bebé sin conseguirlo, por lo que fueron un poco tristes. Deseaba fervientemente traer una nueva vida al mundo, pero parecía ser que de momento no llegaba la oportunidad.

En Nochevieja no brindamos por la llegada de un bebé, aunque yo ansiaba que viniera pronto.

Tras los primeros tres meses no volví a hacerme ningún test. Había dejado de tener síntomas, lo que hizo que físicamente me encontrase mejor. Aunque paralelamente empecé a dejar muchas actividades.

Esos meses previos al embarazo y a tener un bebé, en los que debería haber aprovechado para hacer todo lo que luego tendría prohibido, los desperdicié completamente. Casi ni salía de fiesta ya; y si lo hacía, por supuesto no bebía, por si acaso estaba embarazada. Y otras muchas actividades que abandoné porque simplemente no tenía ánimo para ello.

Mi vida prácticamente se redujo a ir de casa al trabajo y del trabajo a casa; a buscar el bebé con desesperación, y a comprobar mes tras mes que no llegaba. Estaba cada vez más triste y apática, sin ganas de nada, sólo deseando que el mes siguiente fuera el bueno, y empezando a escuchar los típicos comentarios: «No te obsesiones», «Relájate». Aunque todos ellos llegaban tarde. Mi consejo ahora sería intentar no aparcar tu vida. Si pudiese volver atrás, esa sería una de las cosas que cambiaría.

Otro fenómeno habitual, que a mí también me ocurrió, fue que empecé a ver mujeres embarazadas y carritos por todas partes. Yo me torturaba pensando: «¿Cuándo será mi turno? Alguna vez tendré que ser yo, ¿no?». Al tiempo, mi compañera de trabajo me iba preguntando por mi búsqueda, y cada mes dolía más no poder decirle: «Ya lo he conseguido».

Decidí entonces hacerme otra revisión; quería estar segura de que en los nueve meses que llevaba sin anticonceptivos no hubiera vuelto a aparecer la endometriosis y fuera ésa la causa de los continuos negativos. Podría ser necesaria una nueva operación para extirpar los quistes, y si esto fuera así cuanto antes mejor; si realmente se debía a eso no quería seguir perdiendo más tiempo.

***

Llegó el día de la cita, y esa vez sí que estaba mi doctor. Le expliqué que llevaba siete meses intentando quedarme embarazada sin resultados, también le dije sobre mi temor de volver a tener algún quiste por haber dejado los anticonceptivos.

Me hizo una revisión completa, y ni rastro de la endometriosis, pero… otra sorpresa desagradable: detectó un bulto en un pecho.

Esto sí que no lo esperaba en absoluto. Intentó tranquilizarme y comentó que no parecía maligno, pero terminé muy asustada. Nueve meses atrás, su compañera no lo había detectado. Y ahora ya media casi dos centímetros. ¿A qué ritmo estaba creciendo?

«No hay ningún problema, el mes que viene te quedarás embarazada». Aunque sabía que era imposible, eso es lo que me hubiese gustado escuchar. Y nada más alejado de la realidad.

De todos modos, mi médico seguía insistiendo en que estuviera tranquila, que no había de qué preocuparse y que él estaba ahí para ayudarme. Una vez más, aparte de la ayuda profesional me brindaba consuelo y me confortaba.

Como ya llevábamos siete meses de búsqueda, el ginecólogo nos propuso hacer las primeras pruebas: a mi marido un seminograma y a mí un análisis de sangre para ver los valores de unas hormonas. Esa misma tarde también me hicieron una mamografía en la clínica. En el hospital tendría que esperar mucho tiempo, y con lo asustada que me encontraba prefería hacerla cuanto antes.

Así que pedí cita al día siguiente para el especialista de la mama. Aunque me repetían una y otra vez que no me preocupase, regresé a Teruel muy acobardada. Pensando en las distintas opciones, hubiese preferido algún quiste de endometriosis en lugar del que había aparecido en el pecho. Por lo menos los otros ya los conocía.

La mañana siguiente intenté estar concentrada al máximo en el trabajo para no pensar, y por la tarde volví a Valencia a ver al otro doctor. A pesar de lo atemorizada que estaba, éste logró calmarme. Como mi ginecólogo, era muy buena persona y trató mi caso con mucho cariño. Insisto en que eso es muy importante; las pacientes acudimos a estos profesionales con un nivel de estrés, miedo y ansiedad muy alto, y las palabras tranquilizadoras y afectuosas ayudan muchísimo. Además del factor profesional es fundamental el humano.

Con el resultado de la mamografía y de la exploración, el doctor corroboró que no parecía maligno pero que aumentaría de tamaño, así que su consejo fue extirparlo cuanto antes, mejor que esperar.

De nuevo a quirófano.

***

Me programaron la cirugía para la semana siguiente. Menuda rapidez. Tuve el tiempo justo para realizar las pruebas del preoperatorio, unos análisis de sangre y un electrocardiograma.

Pero dos días después me llamó la enfermera para comunicarme que, por motivos personales del doctor, se retrasaba la intervención una semana. Vaya, esto alteraba todos mis planes. Ya había cuadrado fechas en el trabajo, y además como estaba nerviosa quería cerrar ese capítulo cuanto antes. Pero bueno, si había que esperar un poco más… esperaríamos.

Cambié también la cita con mi ginecólogo para ir a buscar los resultados del seminograma y mi analítica de sangre ese mismo día, después de la cirugía. Así aprovecharía el viaje.

Tras varios días bastante inquieta, llegó el momento de la operación. Me habían citado a las tres de la tarde, en ayunas. ¡Con un zumo a las siete de la mañana y sin nada más, me iba a desmayar del hambre! Pero los nervios se encargaron de engañar a mi estómago, desterrando cualquier sensación de apetito que pudiera sentir.

Decidí ir a trabajar hasta las doce. Tenía faena por hacer, y así ese rato estaría con la mente ocupada en otra cosa.

Llegamos mi marido, mi madre y yo a la clínica y, tras preguntar en recepción, subimos a la segunda planta y acompañamos a la enfermera a una habitación. Me puse la bata y las zapatillas. Apareció otra enfermera con una pulsera con mi nombre y número de historia para tomarme la tensión.

—¿Vienes en ayunas?

—Sí —respondí. Y creo que mi estómago respondió a la vez.

Entonces entró el celador y, tras despedirme de mi marido y mi madre, me marché con él a quirófano. Estaba volviendo a recorrer el mismo camino que años atrás. Esperaba hacerlo, pero siempre había pensado que sería de nuevo por la endometriosis, nunca por un bulto en un pecho.

En quirófano todo el personal era muy agradable. El cirujano se acercó a hablar conmigo, y verle de nuevo resultó muy tranquilizador. Parecía una buena persona y transmitía paz. Después de hablar con él, los anestesistas, realizaron su trabajo.

La operación fue bastante rápida; extirparon el bulto del pecho y fuimos de vuelta a la habitación. Lo analizarían en el laboratorio, pero de nuevo el doctor dijo que no parecía maligno. La cirugía se hizo con sedación a las tres de la tarde, y sobre las siete, mientras mi madre daba una vuelta, teníamos la cita mi marido y yo con mi ginecólogo.

***

Estaba completamente convencida de que los resultados iban a salir bien. Año tras año mis revisiones habían sido correctas, no se detectaba ni rastro de la enfermedad y tampoco se me había ocurrido pensar que mi marido tuviese ningún problema. Es decir, seguía creyendo en la teoría de los anticonceptivos. Pues bien, no fue así.

Resultó que mi marido tenía los espermatozoides con poca movilidad y yo la hormona antimulleriana bastante baja. Esta hormona es la que marca la reserva ovárica, y yo, para mi edad en ese momento, la tenía baja. Tomando en cuenta esos dos factores, el doctor nos dijo que si queríamos ser padres tendría que ser por fecundación in vitro (FIV).

«¿Cómo? ¡¡Imposible!! ¡¡Si año tras año estaba todo bien!! ¡¡No puede ser!!»

Entre que estaba todavía un poco adormecida a causa de la sedación, y que lo que me decían no era en absoluto lo que esperaba ni quería oír, volví a entrar en estado de shock, como años atrás.

Mi médico pretendía programar ya la FIV, pero yo no lo había asimilado aún; le insistí varias veces en si no podría conseguir el embarazo de forma natural, y me respondió que él no podía asegurar que biológicamente fuera imposible, pero que en cualquier caso sería muy difícil.

Como yo seguía sin reaccionar y empeñada en el método natural, el doctor zanjó la cuestión diciendo que cuando estuviera cansada de que me viniera la regla, regresara. Así de claro y directo fue.

***

Volví a Teruel bastante apesadumbrada. No esperaba ese resultado en absoluto. Me engañaba a mí misma pensando que no habría ningún problema y que la causa de no conseguir quedarme embarazada era haber tomado anticonceptivos tanto tiempo. Se me hacía realmente duro pensar que tenía que recurrir a una FIV para ser madre. Para los sanitarios es de lo más normal hablar de FIV, al igual que lo acabaría siendo para mí tiempo después, pero en aquel momento no lo era.

Lo que sentía sobre todo era mucha vergüenza; no quería que nadie se enterase de lo que me ocurría; lo sabían mi marido y mi madre y no deseaba compartirlo con nadie más, ni siquiera con mi hermano, al que adoro y con el que no tengo secretos. Me sentía como si fuese algo malo o de lo que yo tuviese la culpa.

A los pocos días empecé a asimilar un poco la situación. Es cierto que la noticia había llegado como un jarro de agua fría, pero una vez que el tema del pecho estaba solucionado ya podía volver a centrarme en mi búsqueda. Aunque, claro está, cada vez se complicaba más.

Como no me gustaba lo que me habían dicho, en el fondo continuaba sin reaccionar, buscaba justificaciones de todo tipo. Por ejemplo, durante un par de días le di vueltas a la posibilidad de que, al ser una clínica privada, el médico se estuviera rigiendo por el dinero. Ese doctor al que tenía tanta simpatía y cariño por lo bien que me trataba, que tan bueno había sido siempre por solucionar mi endometriosis… ya no lo era tanto; como si fuera culpa suya el que yo no me embarazase.

Poco después entendí que no debía culpar a nadie, y empecé a avergonzarme y arrepentirme muchísimo. Mi ginecólogo siempre se había volcado conmigo durante todo el proceso derivado de mi infertilidad. No era nada justo pensar lo que pensaba ni sentir lo que sentía.

Recapacité un poco y finalmente decidí contarle a mi hermano la situación. Por supuesto, sólo encontré apoyo y comprensión por su parte, pero aunque él, mi madre y mi marido se volcaron conmigo, en mi entorno cercano no había nadie más en esa situación, por lo que me encontraba, paradójicamente, bastante sola y perdida.

***

Ya estábamos en febrero, habían pasado catorce meses desde aquel brindis de Nochevieja en nuestra primera Navidad y ocho meses desde nuestro primer aniversario de bodas, cuando decidimos iniciar la búsqueda de nuestro bebé… cuando parecía que iba a ser tan fácil…

Quería retomar la búsqueda que habíamos abandonado temporalmente por mi operación de pecho, pero en ese momento tampoco sabía muy bien qué hacer.

CAPÍTULO 4

Buscando alternativas. La primera inseminación artificial

Mi familia observaba que yo era aún muy reticente a la FIV, así que me convencieron para intentar antes una inseminación artificial (IA) en Teruel. Mi marido estuvo de acuerdo, como en todas las decisiones importantes que teníamos que tomar. Tuvimos la gran suerte de que pensábamos lo mismo e íbamos a la par en todas ellas.

Pedí cita y en la primera consulta le enseñé a la doctora los resultados de las pruebas de mi marido y mías. Me explicó que antes de pensar en una FIV haríamos nuevas pruebas e intentaríamos tres inseminaciones. En ese momento fue un alivio, pues prefería cualquier opción antes que la FIV; además, una inseminación sería más fácil de ocultar.

Empecé con las pruebas en ese mismo mes de febrero. Consistieron fundamentalmente en un análisis de sangre para estudiar el valor de otras hormonas[2], y una histerosalpingografía, que sirve para saber si las trompas de falopio son permeables o no. La recomendación facultativa fue no buscar el embarazo hasta después de esa prueba, pues el líquido que utilizan para comprobar el estado de las trompas es tóxico para el embrión.

Los resultados de los análisis de sangre salieron bastante bien. ¡Muy buena noticia! A raíz de ello, y en mi empeño por no aceptar la situación, llegué a pensar que en el laboratorio de la clínica privada podían haberse equivocado con mis análisis, y que en ese caso la inseminación sería mi solución. Lo que llega a hacer la mente cuando no asimila las cosas…

---

[2] Fsh y Lh. Más información en el Glosario.

Una de las advertencias de la doctora acerca de la otra prueba (casi impronunciable) fue que podía resultar dolorosa. Pero bueno, llegados a ese punto tenía tantas ganas de que funcionase la IA y de quedarme embarazada, que estaba dispuesta a afrontar todas las pruebas necesarias, y bajo cualquier condición.

Llegó el día. Salí un momento del trabajo y, aunque me encontraba muy nerviosa, a la vez me sentía preparada. Eso sí, tenía mucho miedo del resultado; pero no sólo a que saliera mal la prueba, sino también a que saliera bien. Resulta difícil de explicar. Me inquietaba la idea de que si el resultado era positivo volviera a ilusionarme y después la inseminación no funcionase. Así que pensaba: «Si esto tiene que suceder así, prefiero que salga mal la prueba, asumirlo de una vez y pasar directamente a la FIV».

Me encontraba en la sala de espera y de repente oí mi nombre por megafonía. Había llegado el momento. La ginecóloga me explicó de nuevo en qué consistía la prueba. Respiré hondo. Tenía ganas de empezar ya para terminar cuanto antes.

Sí que experimenté un poco de dolor, pero fue bastante soportable. El resultado me lo dieron en el momento de terminar la prueba, y fue bueno; tenía ambas trompas permeables, con lo cual podíamos seguir adelante con la IA. Bien, a pesar de mis temores era una buena noticia, así que salí contenta. Sólo esperaba no volver a darme el batacazo.

El siguiente paso era avisar a la doctora cuando tuviera la regla para empezar el tratamiento.

Una vez pasada la prueba continuamos intentándolo por métodos naturales. Al mismo tiempo, buscando información por internet, encontré testimonios de muchas chicas que contaban que después de la histerosalpingografía se habían quedado embarazadas; la razón era que el líquido que se utiliza para comprobar la permeabilidad de las trompas al mismo tiempo las limpia. Volví a pensar que aunque desconocía si aquello tenía alguna base científica tampoco perdía nada por intentarlo.

A pesar de los resultados negativos de las pruebas y de las palabras de los doctores, todavía conservaba la esperanza de que ese mes la regla no hiciera su aparición y por fin pudiera ver la tan ansiada segunda rayita rosa en el test sin tener que pasar por un tratamiento de fertilidad. Pero, por supuesto, no fue así. Sentí una decepción total el día que me vino la regla. Además, al igual que las últimas veces, muy puntual.

Realmente la posibilidad del positivo por el método natural era remota, y tener que empezar el tratamiento se tornaba en algo evidente, de modo que en parte el sentimiento de frustración fue virando poco a poco hacia la esperanza y la ilusión. Mi esperanza era que esa IA fuese la solución a mi problema, consiguiera el embarazo y no se enterase nadie de cómo había tenido lugar. Y es que seguía sin querer que la gente supiera que mi marido y yo teníamos problemas para concebir un bebé.

***

Con ilusiones renovadas llamé a la doctora para decirle que ya estaba con la regla.

En una consulta anterior me había explicado la medicación para el tratamiento, el horario y la dosis necesaria. Se trataba de unas inyecciones para poner en casa, y al parecer el procedimiento era bastante fácil: una especie de bolígrafo en uno de cuyos extremos se indicaba la dosis girando una rueda, mientras que en el otro se ponía una aguja muy finita y ya quedaba listo para pinchar.

El tercer día de regla empecé mi primer tratamiento de fertilidad. No había marcha atrás. Nada de lo hecho anteriormente lo había evitado. Pese a todo, decidí afrontarlo con ánimo e ilusión.

Y así empezó esta aventura, con los pinchazos. Parecía sencillo, pero no quería equivocarme en algo tan importante, y aunque la doctora me lo había explicado muy claramente busqué en la Red cómo administrar la medicación. Internet es fascinante: encontré videos, información e instrucciones para todo.

Así que entre las explicaciones de la doctora, varias lecturas del prospecto que venía con la medicación y diversos videos que encontré, ya estaba preparada para pincharme.

El horario debía ser por la tarde. El primer pinchazo tenía que ponérmelo el domingo, pero el resto sería entre semana, así que lo haría antes de ir a trabajar.

Nunca había tenido miedo a las agujas, pero pincharse una misma es algo muy diferente. Mi marido tiene mal el pulso, así que quedó descartado que se encargase él. Además, quería tener el valor necesario para hacerlo yo.

Como vivíamos en la misma finca que mi madre, subí a su casa para pincharme estando con ella; de ese modo me sentía más segura. Una madre es lo más grande, y la mía lo demuestra con todo día a día.

Aquella primera vez me puse delante del espejo y cogí un trocito de carne de mi vientre; miré alternativamente la aguja y mi barriga; de nuevo la aguja, de nuevo la barriga. Finalmente, tras mucho pensar, me puse mi primera "banderilla", con mi madre al lado supervisando todo y aportándome seguridad y valor.

«Bueno, ya está hecho», suspiré al fin. Era mucho más grande mi miedo que lo que finalmente supuso. En realidad era algo muy simple, pero en ese momento me sentía tremendamente orgullosa de mí misma; había sido capaz de pincharme yo sola y lo había hecho bien, no me había dolido nada.

Tras ese primer pinchazo, pasé el resto del día pensando en el tratamiento: los posibles efectos secundarios de la medicación, si funcionaría y conseguiríamos el efecto esperado…

Al día siguiente, por la mañana, me fui a trabajar y aunque parecía un día normal, para mí no lo era en absoluto. Estaba totalmente involucrada en ese primer tratamiento, pero sin nadie cercano en la misma situación con quien poder comentarlo; y eso era algo que necesitaba enormemente.

Por la tarde me tocó repetir la operación; antes de volver al trabajo fui a casa de mi madre a pincharme la segunda banderilla. Preparé la medicación, cogí un trocito de carne y, aunque esa vez costó un poco menos que el día anterior, lo volví a pensar mucho y llegué un poco tarde a la oficina.

Así, cada jornada se repetía el proceso y progresivamente me costaba menos esfuerzo y sacrificio el ritual del pinchazo. ¿Quién me iba a decir que me convertiría en una experta en inyectarse hormonas? Además, al parecer no me estaban produciendo ningún efecto secundario; no notaba nada extraño y físicamente me encontraba bien.

Al sexto día, un viernes, acudí al primer control ecográfico. Estaba bastante nerviosa después del desgaste psicológico que llevaba acumulado, y deseaba fervientemente que el tratamiento alcanzase un resultado positivo.

Con los resultados de mi hormona antimulleriana y la poquita dosis que tenía pautada, la mínima, la doctora había opinado que ese primer ciclo sería simplemente de prueba para ver cómo respondía mi cuerpo a la medicación. Yo esperaba que no lo fuera, que realmente estuviera haciendo efecto, aunque también pensaba que tendría que pincharme muchos más días.

Pero no fue así; ni una cosa ni la otra.

Nada más comenzar la ecografía, la ginecóloga comentó que ya estaba preparada, que tenía dos folículos de buen tamaño. En ese momento aún no sabía lo que era un folículo. Más adelante llegaría a conocer de sobra el significado de términos como ése y otros: beta, betaespera, y una abundante cantidad de palabras relacionadas con los tratamientos de fertilidad.

Como todo parecía estar listo, haciendo cálculos la inseminación tendría que realizarse el siguiente domingo, pero al ser fin de semana se retrasaría el proceso hasta el lunes.

La doctora me indicó las pautas a seguir desde ese momento hasta el día de la inseminación: esa noche debía volver a pincharme la misma medicación, aunque con una dosis diferente, la mitad, para que los folículos no adquiriesen un tamaño demasiado grande; el sábado, otro medicamento, administrado del mismo modo, que sirve para romper los folículos y liberar los óvulos. Su única particularidad es que se tiene que pinchar exactamente a la hora indicada; la doctora insistió mucho en ese punto.

La inseminación tendría lugar el lunes a la una de la tarde; por la mañana, mi marido tenía que llevar su muestra.

Pedí el día de vacaciones en el trabajo porque, por supuesto, allí tampoco sabían nada del tratamiento. La única que conocía un poco el tema era la compañera con la que esperaba compartir embarazo. Mes a mes le iba diciendo que, una vez más, no lo había conseguido, así que finalmente decidí confesarle que nos habíamos hecho algunas pruebas y necesitábamos ayuda. De momento no le conté nada más, y lo que le dije fue en parte obligada por las circunstancias. No es que me faltase confianza en ella, que se la tenía, y mucho cariño, pero me seguía dando tanta vergüenza que no lo sabían ni mis amigas.

Después de la revisión, vuelta al trabajo y a fingir de nuevo normalidad. Por la tarde el pinchazo fue bastante rápido, ya tenía controlada la técnica.

El sábado me llegué a poner una alarma en el móvil a la hora de aplicar la medicación; no quería bajo ningún concepto que se me olvidase y estropear el tratamiento por una torpeza; aunque era poco probable que eso ocurriera, ya que no tenía otra cosa en la cabeza. El día transcurrió sin hacer nada especial, y a la hora precisa me pinché.

Ya había terminado con las inyecciones. Esperaba que ésa última fuese como las otras y siguiera sin padecer efectos secundarios. El domingo pasó muy lentamente, y por fin amaneció el lunes. Mi marido tenía que llevar la muestra a las ocho de la mañana y, como Teruel es muy pequeño, no había ningún problema en que se pasase de hora. Después tenía que volver al trabajo y no podía acompañarme, así que acudí al hospital con mi madre; una vez más, ella estaba conmigo incondicionalmente. Me encontraba bastante nerviosa y habría sido muy duro pasar por una situación así yo sola.

Iba con una mezcla de miedo e ilusión: miedo a lo desconocido, a la posibilidad del dolor, a saber si el último pinchazo y la nueva medicación no habían producido el efecto esperado; e ilusión porque cada vez se suponía que estaba más cerca de conseguir mi sueño. Y bueno, ya me había mentalizado y había conseguido digerir un poco la situación; no se hundía el mundo si necesitábamos una pequeña ayudita para lograrlo.

Pero esa ilusión se desvaneció en cuestión de segundos, en cuanto apareció la ginecóloga. No tenía buena cara, y me informó de que la muestra de mi marido era bastante mala. Que ya que había ido, se haría la inseminación, pero que no me hiciera muchas ilusiones.

También me advirtió que si no funcionaba, que era lo más probable, no merecería la pena continuar con las otras dos inseminaciones que había comentado en la primera consulta. En caso de tener un resultado negativo, lo más conveniente sería pasar directamente a la FIV que yo tanto deseaba evitar.

Así que el paso de la ilusión a la decepción se produjo en diez segundos. «Sí que ha durado poco», pensé. Debí de poner una cara de frustración tan evidente que la enfermera intentó animarme.

—Venga, si con uno bueno que haya es suficiente.

Con mi decepción a cuestas, me desvestí y subí al potro. La muestra de mi marido estaba en una fina cánula, y me la introdujeron en el útero. Ya estaba hecho. Por lo menos no había dolido casi nada.

Después tuve que esperar una media hora en el potro. No es concluyente que tanto reposo ofrezca mejores resultados, pero por si acaso es lo que hicimos. La doctora también me aconsejó que guardase reposo ese día y después hiciera vida normal. Tras pautarme una nueva medicación me citó tres semanas después para hacer un test de embarazo si no me había venido la regla.

«¿Tres semanas sin hacerme un test por mi cuenta? Esta mujer no me conoce, ni tampoco mi escasa paciencia».

De ese modo encaré dos de las semanas más largas de mi vida: las de la espera para ver si el tratamiento había funcionado.

***

Regresé a casa muy decepcionada y triste. Con lo bien que iba todo hasta entonces y de repente, en diez segundos, se truncaron casi todas mis esperanzas. Esa tarde guardé reposo sin dejar de pensar para qué lo hacía en realidad.

Por la noche empecé con la nueva medicación. Se trataba de una dosis muy reducida, pero en esa ocasión sí sufrí los efectos secundarios: empecé a sentir muchas náuseas y a encontrarme bastante mal. Esto se juntó con que psicológicamente no lo estaba llevando nada bien, por la sensación de soledad que me embargaba.

Los días pasaban demasiado lentos; sin nadie con quien poder hablar de lo que sentía, encontrándome peor a cada momento y fingiendo normalidad con todo el mundo.

El fin de semana siguiente, sin motivo aparente, me derrumbé y no podía dejar de llorar. Aparte de por mi situación, lo pasaba mal porque estaba haciendo sufrir a mi madre y a mi marido al verme así y no poder consolarme.

La semana siguiente transcurrió sin mucha novedad; días muy largos fingiendo una normalidad inexistente en ese momento de mi vida.

***

El fin de semana tenía programado un viaje con una amiga y un amigo de la universidad. Ambos eran de fuera de Teruel y llevábamos bastante tiempo sin vernos. Mi amiga y yo habíamos planeado animarlo a él, porque no estaba pasando un buen momento; aunque en esas circunstancias no sabía si yo era la mejor opción para consolar a nadie.

Por todo eso, dudé si ir o no. Por un lado, anímicamente no me encontraba con fuerzas; además, no sabía si un viaje sería contraproducente para el tratamiento. La doctora había dicho que llevase una vida normal, pero tenía miedo a estropearlo por viajar. Por otro lado, era un viaje que ya teníamos planeado, y mi amigo me necesitaba; no podía ni quería dejarlo colgado.

De modo que finalmente intenté meter en la maleta todo el ánimo posible para pasar el fin de semana. Y una vez allí encontré la fuerza necesaria para contarles un poco por encima la situación; en parte porque necesitaba desahogarme, pero también porque una cosa es vida normal y otra muy distinta hacer excesos; les tenía que explicar por qué no quería salir de fiesta ni beber alcohol.

Mis amigos lo entendieron perfectamente y pasamos el fin de semana de un modo tranquilo pero muy agradable: hablamos, recordamos tiempos pasados y nos reímos mucho. No necesitábamos más. Creo que fue muy bueno para todos.

***

Al regresar a casa volvieron los nervios y el no pensar en otra cosa que no fuera el tratamiento.

Esos días busqué mucha información por internet: sobre los síntomas que provoca la medicación que estaba tomando, cuándo sería fiable hacerme un test de embarazo…

La incertidumbre resultaba angustiosa. No dejaba de repetirme que se debería poder conocer el resultado de un tratamiento justo en el momento de finalizarlo. Algo así como:

—Te acabamos de hacer la inseminación, enhorabuena, estás embarazada.

O bien:

—Te acabamos de hacer la inseminación, lo sentimos, hay que ir a por la siguiente.

O incluso que existiese una pastilla mágica que te hiciese dormir los días de espera. ¡Cuántos nervios nos ahorraríamos!

En medio de esos pensamientos yo buscaba y buscaba, como si por ello fuese a encontrar un sitio, igual de mágico que la pastilla, donde afirmasen que se puede hacer un test de embarazo fiable a la semana de la inseminación. Y si seguía indagando un poco más, igual encontraba otro donde además anunciasen una marca que diera siempre positivo en el resultado del test, porque los que había usado yo hasta el momento estaban defectuosos y sólo tenían una rayita. Quizá es que la segunda raya rosa fuera un mito.

A esas alturas ya era consciente de que no resistiría tres semanas con semejante incertidumbre, así que decidí hacer el test quince días después de la inseminación. La mayoría de los foros que iba encontrando así lo aconsejaban. En opinión de muchas de las chicas, con ese margen de tiempo ya suelen ser fiables.

De ese modo, tras muchos nervios, fingiendo normalidad cuando me encontraba con gente y llorando cuando estaba sola, pasaron dos semanas y llegó el día anterior al que había marcado para la prueba de embarazo.

Tenía mucho miedo a un nuevo test negativo. Ya llevaba bastantes, y habían dolido.

A pesar de que el tratamiento fue mal desde el principio, todavía conservaba la esperanza inicial de que hubiera funcionado y no tener que llegar a la FIV y así, por supuesto, que nadie se enterase.

Pero justo esa noche empecé a manchar, y mis esperanzas se derrumbaron totalmente. En ese momento no lloré, pero sabía que no había funcionado. Llamé a mi madre para decirle que no sabía si al día siguiente haría el test o no, que sería desperdiciarlo porque me iba a venir la regla de todos modos.

Y así fue. Al día siguiente no necesité hacer ninguna prueba, porque el período volvió a hacer su aparición, igual de puntual que los meses anteriores. Mi decepción era tremenda, y aunque en el fondo esperaba el resultado, ese primer tratamiento negativo resultó muy amargo.

Pese a todo, en aquel momento no derramé ni una lágrima. Ya lo había llorado todo durante los días de espera.

CAPÍTULO 5

¿Y ahora qué?
Transición de inseminación artificial a fecundación *in vitro*

Ese primer negativo me hizo estar muy decaída. Había pasado exactamente lo que temía. Las nuevas pruebas salieron bien, conseguí ilusionarme… y después había llegado el batacazo, que además eliminó de golpe la mínima idea que aún quedaba en mi cabeza para seguir intentándolo de forma natural. Estaba claro que, por mucho que me obcecase, ése no era el camino. Y la doctora, que al principio era muy optimista y opinaba que no sería necesario llegar a la FIV, después de ver cómo transcurría el tratamiento cambió radicalmente de opinión, así que estaba claro cuál era la vía.

No era la manera que yo deseaba, pero parecía no haber muchas más opciones.

Los siguientes días fueron malos; vagaba como alma en pena, autocompadeciéndome y maldiciendo mi mala suerte: «¿Qué he hecho yo? ¿Por qué me pasa esto a mí? Si no estoy pidiendo nada raro ni extravagante. ¡No es ningún capricho! ¡Sólo deseo ser madre!».

Para colmo, en la televisión aparecían noticias que me hacían hervir la sangre: una madre había tirado a su bebé por el retrete; otra asesinó a su hijo y lo metió en una maleta; en China apareció un bebé dentro de una tubería…

«¡Voy a dejar de ver la tele! ¿Estamos locos? ¿Por qué es tan injusto todo? ¿Por qué razón la naturaleza no pone ninguna objeción para dar hijos a este tipo de gente, y a mí, que tengo tanto amor por dar a mi futuro bebé, me lo niega?».

De esa etapa recuerdo especialmente una ocasión en el trabajo, dos días después del negativo, a la hora del café. Mis compañeras comenzaron a hablar de los embarazos y los niños; tuve que fingir que tenía mucho trabajo y huir de aquella conversación. Era un tema que surgía bastante a menudo, pero aquel día no contaba con la fuerza necesaria para seguir allí sin echarme a llorar.

También a partir de ese momento me empezaron a afectar bastante los embarazos de las demás. Cada nuevo embarazo de una persona cercana era para mí como si me clavaran cuchillos por todo el cuerpo. La sensación resultaba extraña: por un lado era una gran alegría, porque se trataba de gente a la que quería y apreciaba y por supuesto deseaba su felicidad; pero por otro no podía evitar que me hiciera daño. Y pensaba además que era mala persona por tener esos sentimientos. Después entendí que esos sentimientos eran normales, y que en absoluto se es mala persona por tenerlos.

***

Durante la espera, gran parte de las cosas que encontraba en mis búsquedas por internet eran foros, en su mayoría de mujeres en mi misma situación y que, sin conocerse de nada, se apoyaban incondicionalmente unas a otras. En uno en concreto me gustaba mucho el ambiente que se respiraba, y la página web era muy sencilla y amigable. Decidí entonces que ya valía de llorar yo sola mi mala suerte; quería pertenecer a ese grupo de mujeres, así que me animé a escribir.

Comencé un poco perdida, y siempre estaré agradecida a la persona que respondió a mi primer comentario. Su respuesta fue muy rápida y me derivó a otro hilo donde conocí a grandes mujeres con las que aún hoy tengo relación. Esto, sin duda, supuso para mí un antes y un después. Mi actitud cambió totalmente.

Empecé a hablar a diario con personas que sabían exactamente cómo me sentía, porque ellas estaban viviendo lo mismo; conocían la frustración que supone desear con todas tus fuerzas ser madre y no conseguirlo; y no juzgaban mi obsesión por quedarme embarazada, porque ellas también la tenían; sabían exactamente lo que ocurría en mi cuerpo a causa de la medicación, porque estaban tomando la misma; conocían los nervios y la ansiedad de la espera, que también ellas habían vivido.

En definitiva, dejé de sentirme tan sola.

Hablar con mis compañeras de los foros se convirtió en una necesidad. Al principio entraba varias veces diarias para ver si mis ciberamigas tenían alguna novedad. Casi siempre una u otra escribía algo y había cosas nuevas para leer. Y yo también me sentí con la confianza suficiente como para contarles cómo me sentía: si ese día había amanecido más triste o más contenta, o si había tenido que escuchar algún comentario desafortunado.

Al final, leer y escribir en el foro pasó a ser mi vía de escape, mi forma de pasar mejor los días. En aquel momento tenía más relación con esas chicas a través del ordenador que con mis propias amigas.

Estas mujeres también me ayudaron en gran medida a asimilar la situación, a comprender que no tenía por qué avergonzarme de lo que estaba pasando, ni debía pensar que "estaba defectuosa" o que no valía, y tampoco sentirme menos mujer por tener un problema de infertilidad.

Gracias a ellas volví a quererme a mí misma.

Así pues, me decidí a contar mi problema y futuro tratamiento a mis tíos, primos y amigas, con quienes todavía no había tenido el valor de hacerlo. No sabía exactamente qué esperaba que ocurriera, si me iban a ver como si tuviese dos cabezas o cuatro brazos. Pero sucedió lo que tenía que suceder: que encontré un gran apoyo y comprensión por parte de todos. Incluso mis primas organizaron una quedada un día para hablar del tema conmigo y ofrecerme su aliento, y crearon un grupo de whatsapp para seguir mi futuro tratamiento y darme ánimos. Eso siempre se lo agradeceré mucho.

En ese punto, con mi flamante valor adquirido y mis nuevas compañeras de viaje a mi lado, por fin encontré el vigor para enfrentarme a mi primera FIV.

Capítulo 6

Mi primera fecundación *in vitro*

«Ya está. Ya lo he asumido. Tengo la fuerza suficiente para afrontar el tratamiento. ¡Ya está solucionado! Me someto a la FIV, que no será muy diferente a la inseminación, y a disfrutar de embarazo y de bebé».

Nada más lejos de la realidad… Pensaba que ya quedaba poco para alcanzar mi sueño, pero éste se encontraba todavía a una gran distancia.

Por fin, tras la IA negativa de marzo, pedí cita en abril en la clínica de Valencia para planificar la FIV sin perder más tiempo. En ese momento continuaba padeciendo la impaciencia que me caracteriza. «Para haberme marcado Navidad de plazo para embarazarme voy ya con mucho retraso. Bueno, por lo menos la próxima Navidad sí que lo estaré», me consolaba.

Al llegar a la consulta le conté a mi doctor que me había hecho una inseminación, y no pareció hacerle mucha gracia. Su semblante se transformó; de la sonrisa que solía adornar su rostro pasó a una tremenda seriedad. Insistió en que con mi endometriosis y la muestra de mi marido ya había comentado que las inseminaciones no servirían. Y lo dijo de una forma en la que nunca me había hablado.

Yo llevaba bastante tiempo mucho más sensible de lo normal y, aunque todo era cierto y tenía razón, me afectó bastante su reprimenda. Así que en cuanto me metí en el coche me puse a llorar; era sólo el primero de los muchos llantos que me esperaban al salir de esa consulta.

Después, echando la vista atrás, pienso que quizá la IA no fue conveniente, pero para mí sí resultó útil. Gracias a ella tuve la primera toma de contacto con el tipo de medicación que me tendría que administrar en el resto de tratamientos. Y, lo más importante, me sirvió para aceptar un poco más mi situación y salir del bloqueo emocional en el que me había instalado.

En aquella consulta tan dramática para mí el doctor también me explicó en qué iba a consistir el tratamiento: en el primer ciclo llevaríamos a cabo la estimulación ovárica, que no es otra cosa que potenciar la producción del mayor número de óvulos posible. Después vendría la punción, que sirve para extraer los óvulos conseguidos durante la estimulación; se realiza en quirófano y con una sedación suave. Posteriormente tendría lugar la fecundación y vitrificarían los embriones obtenidos.

En el ciclo siguiente me harían la transferencia (comúnmente denominada "transfer"), que consiste en introducir los embriones en el útero.

El médico me explicó que era mejor llevar a cabo el proceso en dos ciclos diferentes. De este modo, en uno se consiguen los embriones y en el otro se preparan el endometrio y el útero para estar en las mejores condiciones.

Ese día acabé un poco decepcionada ante la idea de esperar un mes más. A todas las chicas del foro que se habían sometido o se estaban sometiendo a una FIV les hacían la estimulación y la transfer en el mismo ciclo.

En el mundo de la infertilidad todo son esperas, y de lo más desesperantes, sobre todo cuando se tiene poca paciencia, como es mi caso. Pero bueno, la solución que me habían ofrecido era la mejor y lo que aconsejaba el especialista, así que por supuesto no cuestioné ninguna de sus palabras.

Ya podíamos empezar. En las clínicas privadas los tratamientos son muy caros, pero la parte positiva es que no hay listas de espera.

La pauta era tomar unas pastillas durante ocho días; el primer día de la regla tendría que volver a un control ecográfico, y a partir del tercer día tomaría la misma medicación que me administré para la inseminación, pero en una dosis mucho mayor: la de la IA era de 75 unidades y para la FIV habría de ser de 250. Y cinco días más tarde, un nuevo control ecográfico. ¡Madre mía, qué cantidad de hormonas!

Pregunté a las enfermeras si no iba a ser demasiado. En mis análisis, la hormona antimülleriana había salido baja, pero para la inseminación conseguí en seis días dos folículos de buen tamaño con una dosis de 75. ¿Cinco días a 250 no sería una cantidad excesiva?

De ese modo demostré, de nuevo, mi ignorancia. Las enfermeras me indicaron que para las FIV ésa era la dosis normal y que no tenía de qué preocuparme. Aun así, me marché un poco intranquila. En el foro algunas chicas habían sufrido hiperestimulación, y en algún caso fue de tal gravedad que las tuvieron que ingresar. Vamos, que no era ninguna tontería, y con la buena suerte que yo parecía tener últimamente...

De todas formas, no me quedaba otra opción que confiar y hacer caso a las pautas marcadas por el médico; todo por conseguir tener un bebé en casa.

***

En las siguientes semanas tendría que ir a unos tres o cuatro controles ecográficos, además de a hacerme la punción. Cada uno de esos controles implicaría pedir la tarde libre en el trabajo, y el día entero en el caso de la punción. Además, debían ser esos días exactos y no otros. Todo ello además del futuro embarazo que esperaba conseguir después del tratamiento. Con lo cual, tras mucho pensarlo, consideré que la situación tenían que conocerla en mi empresa.

Aunque me seguía dando muchísima vergüenza, le relaté mis circunstancias a mi compañero de despacho, con el que trabajaba codo con codo y además tenía que cuadrar vacaciones; e hice lo mismo con mi jefe directo. Ninguno de los dos supo muy bien qué decirme, pero ambos se portaron estupendamente; todo fueron facilidades y, la verdad, en el punto en el que me encontraba emocionalmente agradecí mucho no tener que luchar también en el ámbito laboral, sino que, al contrario, me facilitasen tanto las cosas.

Aproveché para contárselo también a la compañera con la que tendría que haber compartido embarazo; por supuesto, eso no iba a ser posible, puesto que ella ya tenía un niño precioso. Tras haberle contado en un principio que mi marido y yo necesitábamos ayuda para ser padres, una vez que la puse al corriente de todo encontré siempre en ella un gran apoyo, y es algo que le agradeceré el resto de mi vida. Día tras día se interesaba por cómo iba todo y se preocupaba enormemente por mí. En aquel momento me vino muy bien tener una vía de escape en la oficina, y si estaba nerviosa o triste saber que podía contárselo a alguien además de a mis amigas foreras.

***

Dispuesta a comenzar el tratamiento fui a la farmacia con las recetas de la medicación indicada, que me costó cerca de 2 000 euros; eso aparte del precio del tratamiento en la clínica privada. ¡Otro motivo más para que funcionase a la primera!

Empecé con las pastillas. Algunas chicas me contaron que ellas habían tenido muchas molestias al tomarlas, pero de momento a mí no me produjeron efectos secundarios. Un día, dos, tres… así hasta seis. El período apareció el día calculado por la clínica.

De modo que me desplacé una vez más a Valencia, para el control. Seguía pasando mucha vergüenza en las ecografías, y el apuro se multiplicó en esa ocasión con la regla. Vuelvo a decir que para los médicos es algo cotidiano, pero yo me sentí especialmente incómoda y ruborizada ese día.

El doctor observó que estaba todo en orden, por lo que seguimos con las pautas establecidas. Tenía que empezar con los pinchazos a partir del tercer día. En el tratamiento para esa FIV la recomendación fue pincharse por la noche, a la misma hora todos los días, así que las diez fue la hora elegida como el momento "de las banderillas". Así es como llamamos comúnmente a los pinchazos en los foros.

El inicio de ese tratamiento lo llevé mucho mejor. Como ya estaba entrenada por la inseminación y se trataba además de la misma medicación, me pinchaba sin ningún miedo y era incluso capaz de hacerlo yo sola, sin la supervisión de mi madre. De algo tenía que haber servido.

La nueva dosis tampoco parecía provocarme ningún efecto secundario, así que los cinco días hasta la ecografía los pasé sin problemas; con mucha gente pendiente de mí, eso sí: mi familia, mi compañera de trabajo, mis tíos y primas y, por supuesto, mis amigas del foro.

Y llegó nuevamente el día del control. Como en el tratamiento para la inseminación con una dosis tan baja mi cuerpo respondió bien a la medicación, acudí convencida de que el resultado de la ecografía iba a ser positivo. Incluso, como comenté anteriormente, tenía miedo de que con una dosis tan elevada nos hubiésemos pasado. Una vez más, pequé de ingenua.

Cuando echo la vista atrás me doy cuenta de que a lo largo de este camino lo he sido tantas veces...

Por segunda vez en estos años mi ginecólogo habitual no estaba en la clínica, así que me atendió otro de su equipo. La enfermera le quitó importancia:

—Total, es para un control.

Pero a mí no me hizo ninguna gracia; yo lo quería a él, a nadie más. Sí, era sólo un control, pero "mi" control, y además el primero de esa parte del tratamiento. Era algo completamente desconocido para mí. A eso había que añadir el temor que tenía por la nueva dosis de medicación. Pero como no había otra opción, pasé a la consulta bastante decepcionada y esperé a que llegase el ginecólogo que me habían asignado.

Después de esa primera vez, el nuevo doctor me atendió muchas más, y le acabé cogiendo la misma confianza y cariño que al otro. Era un hombre también muy agradable y profesional. En esa primera ocasión me dijo que iba a hacerme una ecografía para ver cómo progresaban los folículos; otra vez tocaba desvestirse de cintura para abajo delante de una nueva persona.

El médico miró un ovario, luego el otro, y finalizó comentando que había, entre los dos, cinco folículos. No me lo podía creer: «¿Cinco? ¿Sólo cinco? ¿Con la cantidad de hormonas que me estoy inyectando? ¡Si en la inseminación había ido mucho mejor!».

La verdad es que hasta ese momento no me habían comentado qué número de folículos era ideal, pero comparándolo con los tratamientos de la mayoría de las chicas del foro, cinco me parecían muy pocos. Así que se lo pregunté al doctor y me lo confirmó: cinco es un número pequeño.

Me recomendó seguir con la misma pauta de medicación y regresar dos días después a un nuevo control. Le consulté si en esos días podían crecer más folículos, y su respuesta fue que no era lo habitual.

Así pues, la vuelta a Teruel fue nuevamente muy decepcionante. El tratamiento empezaba muy mal, con lo bien que yo pensaba que íbamos. Al llegar a casa escribí en el foro lo mal que había ido el control, y comenté a mis compañeras que la partida la estaba jugando, en vez de apostando a tener muchos folículos, a tener pocos y buenos. Ellas me convencieron de que con uno bueno sobraba, que no iba a necesitar más, y consiguieron animarme con sus palabras. Sí, íbamos muy justos, pero me negaba a tirar la toalla tan pronto; mi óvulo "campeón" podía estar perfectamente entre esos cinco.

Era la primera mala noticia que vivía con ellas, y la sobrellevé bastante mejor con su apoyo y comprensión. Leer sus palabras era como un bálsamo para mí.

***

El día del siguiente control cayó en festivo así que lo llevó a cabo el ginecólogo de guardia. Me parecía incluso irónico que en ese tratamiento me fuera a visitar todo el mundo menos mi ginecólogo. Pero una vez que había sido capaz de asumir que aunque me inyectase una gran cantidad de hormonas sólo tenía cinco folículos y ningún riesgo de hiperestimulación, empezó a darme igual que el control me lo hiciera uno u otro.

Del mismo modo, dejé de pasarlo tan mal en las ecografías. Y es que no hay nada como la infertilidad y someterse a varios tratamientos de reproducción asistida para desterrar la vergüenza, o experimentar mucha menos.

En esa segunda ocasión el resultado fue peor: de los cinco folículos que teníamos dos días atrás, sólo cuatro habían crecido correctamente en ese lapso de tiempo. «¿Seguro?». Me moría de ganas de pedirle al doctor que buscase bien el folículo perdido. Le hubiera dado un premio si lo encontraba. En esa situación, para mí un solo folículo resultaba de vital importancia.

Como resultado me cambiaron la pauta de medicación. Además de seguir pinchándome lo anterior tuve que añadir a partir del día siguiente una nueva inyección, también en el vientre; se trataba de evitar una ovulación prematura y que perdiésemos los óvulos antes de que fuera posible extraerlos en la punción.

Me citaron para otro control dos días después. Y otra vez la vuelta a casa la viví igual de abatida que en la anterior ocasión. Seguía necesitando sólo un folículo, pero cada vez había menos donde elegir.

La nueva medicación empecé a inyectármela ya sin ningún miedo, porque comenzaba a estar acostumbrada. Sin embargo, ese pinchazo dolió más porque la aguja era más dura. Además, me apareció un cierto picor y escozor en la zona del pinchazo, que duró una media hora. En la clínica ya me habían advertido que podía pasar, para que no me preocupase. ¡Pero era muy molesto!

En el siguiente control ya estaba mi ginecólogo. Los patrones se repitieron: de los cuatro folículos que teníamos sólo estaban creciendo bien tres, mientras que el cuarto se iba quedando rezagado. Las pautas de medicación fueron las mismas, y la nueva cita me la pusieron para tres días después.

«Espero no tener muchos más controles, porque cada vez que voy perdemos algún folículo», pensé con cierta sorna.

La realidad era que progresivamente estaba más desilusionada; en cada control sentía más angustia, lo vivía como si fuese examinada ante un tribunal y suspendiera el examen una y otra vez.

Aparte de tener sólo cuatro, leí en alguna parte que los folículos podían estar vacíos y no contener óvulos... además, después debían fecundar y que no todos los óvulos lo hacen. Por último, los embriones resultantes habían de ser viables e implantar bien en el útero. Resumiendo, que no íbamos precisamente muy bien. El tratamiento que se suponía iba a solucionar mi problema estaba siendo un completo desastre.

Por primera vez me angustié ante la idea de no conseguirlo nunca. Aunque, por supuesto, no sería la última; ese sentimiento estaría conmigo en múltiples ocasiones posteriores.

Y a todo esto, en el trabajo, exceptuando a mi jefe y a dos compañeros, el resto no estaba al tanto de la situación. Al igual que en la inseminación yo debía continuar con mi vida normal, intentando lidiar con la ansiedad y el estrés que me provocaba no sólo el tratamiento, sino también lo mal que lo habíamos empezado.

Con esa mezcla de sentimientos negativos llegó una fecha especialmente triste en mi situación: el día de la madre. Vivirlo agudizó el dolor que sentía y me recordó aún más lo que tanto ansiaba y no lograba, tener mi propio hijo. ¿Lo conseguiría algún día?

***

Estando así las cosas, acudí al último control bastante angustiada. El número de folículos no dependía de mi voluntad, pero me sentía como si de alguna manera no estuviese cumpliendo con mi obligación.

Esa vez se vio que de los cuatro, dos habían crecido bien, el tercero iba un poco por detrás y el cuarto se había quedado más pequeñito. Además tenía varios de menor tamaño, no suficiente, por lo que quedaban descartados.

El doctor decidió que aun con un número reducido de folículos seguiríamos adelante con el plan establecido y se programaría la punción igualmente. No era buena idea cancelar el ciclo, porque no sabíamos si tendría algún otro mejor o todos iban a ser así de malos. Mi médico sospechaba que ese comienzo de tratamiento tan decepcionante podía ocurrir en todos mis ciclos y no ser algo puntual. Ésa era otra mala noticia.

Tras decidir seguir adelante me explicó el plan para la punción: esa misma noche me tenía que pinchar la medicación para evitar la ovulación prematura (es decir, la que dolía) a la misma hora de todos los días. Además debía ponerme otra inyección de una nueva medicación para liberar los óvulos; era la misma que utilicé para la inseminación, así que ya la conocía; resultaba muy fácil de administrar y no dolía ni me había producido efectos secundarios la vez anterior; y, como entonces, tenía que ser inyectada a una hora determinada, ni antes ni después; en esta ocasión, a las doce de la noche. Al día siguiente sería el turno de un antibiótico de un gramo a la hora de la cena; las enfermeras me advirtieron varias veces que era bastante fuerte, así que su consejo fue que lo tomase con una cena abundante.

Finalmente, al mediodía del siguiente día sería la punción; al ser en quirófano y con sedación tendría que ir en ayunas. El personal sanitario comprobó que las pruebas del preoperatorio que presenté para la intervención del pecho todavía estaban en vigor. A partir del día siguiente a la punción tendría que tomar anticonceptivos durante once días e ir después a un nuevo control.

Me repitieron las pautas varias veces; si hacía algo mal era posible que se malograra el tratamiento.

De modo que salí de allí con una mezcla de sentimientos, y ninguno de ellos era positivo: decepción, miedo, ansiedad… Lo único alentador era poder compartir día a día ese cúmulo de emociones con mis compañeras del foro. Ellas me contaron que en la Seguridad Social, con el número de folículos que yo tenía, suelen cancelar el ciclo y el tratamiento y no ofrecen más oportunidades. Realmente la situación era complicada.

Pero yo no perdí la esperanza; todavía existía la posibilidad de que en la punción no apareciera ningún folículo vacío, que obtuviéramos los dos óvulos, fecundasen ambos y se convirtieran en mis dos campeones. Aunque para que eso ocurriese tenía que ir todo de cara, y hasta entonces no había sido así. Pero me animaba pensando que en algún momento la suerte tendría que volverse de mi lado.

Esa noche transcurrió según lo previsto: me puse la primera medicación sobre las diez y la segunda a las doce en punto, ni un minuto más, ni un minuto menos. A la noche siguiente me tomé el antibiótico con una abundante cena. Sí que era fuerte; de hecho, me fui enseguida a la cama con el estómago revuelto y muchas náuseas. En medio de una duermevela inquieta, soñé que el proceso iba muy bien y obtenían muchos óvulos. Ojalá fuese algo real y no jugásemos sólo con la posibilidad de sacar dos o tres.

Al llegar el día de la punción, de nuevo me ayudaron mucho en el trabajo. Mi compañero había cogido esa semana de vacaciones, las tenía programadas desde bastante tiempo antes para hacer un viaje al extranjero con su novia, con lo cual no se podían cambiar. Habitualmente nos teníamos que turnar, por lo que no era posible faltar los dos a la vez. Además, el jefe y otro compañero debían salir de viaje de trabajo justo ese día. A pesar de todo, mi jefe me dijo que no me preocupase y que fuera sin problema.

Tal y como estaban las cosas, recibir tanta ayuda del trabajo era casi impensable, así que fui muy consciente de mi inmensa suerte.

La punción se hacía simplemente con sedación. Además, como ya había pasado la operación de la endometriosis y la del bulto en el pecho no estaba nerviosa por la intervención en sí, sino por el resultado.

Llegué a la clínica a la hora indicada. Pregunté en recepción y me dijeron que subiera a la segunda planta, y una vez allí que preguntase en el mostrador, desde donde me condujeron a la habitación. Allí se repitió la visita de la enfermera para tomarme la tensión y ponerme la pulsera con mi nombre y el número de historia. Me preguntó si iba en ayunas, y le respondí que sí. Dejó un camisón y unas zapatillas y me informó de que volvería para ponerme una vía. Una vez puesta ésta, sólo quedaba esperar al celador para ir a quirófano.

Todo este protocolo me resultaba ya bastante familiar; eran los mismos pasos seguidos cuatro meses atrás.

Ya en quirófano, llegó el médico que me iba a intervenir, se presentó y me anunció que iba a hacerme una ecografía antes de la punción para comprobar dónde estaban los folículos. Terminada la ecografía me pusieron la anestesia.

Mientras tanto, mi marido tenía que ir a entregar la muestra. Le facilitaron un frasco y lo condujeron a una habitación acondicionada para ese cometido. Yo era consciente de que de ese modo, bajo presión, para él tampoco tenía que ser demasiado agradable, pero… ¡Qué mal ha repartido la naturaleza las tareas en los tratamientos de fertilidad!

Ambos llegamos a la habitación casi a la vez. La suerte estaba echada.

La intervención había sido muy rápida, porque tampoco tenían demasiados folículos que pinchar. Entonces entró el médico que me había hecho la punción; yo continuaba con muchos nervios, deseando que sus palabras fueran que por lo menos habían conseguido dos óvulos. Sólo dos, no pedía más.

Entonces ocurrió algo inesperado. El doctor anunció que el proceso había ido muy bien, y que habían conseguido extraer ocho óvulos.

—¿¿Ocho?? —Lo pregunté tan extrañada que el médico miró de nuevo los papeles que traía consigo, repitió mi nombre e inquirió:

—Eres esta paciente, ¿no?

Le contesté afirmativamente, y entonces me confirmó que habían obtenido ocho.

No lograba salir de mi asombro. Teníamos dos folículos de buen tamaño y uno más pequeño. ¿De dónde habían salido los demás? Sin saber cómo, al final el sueño de la noche anterior se había cumplido. El miedo, la decepción, el estrés y la ansiedad de los días previos dieron paso al asombro, la incredulidad y después la ilusión. Ése era el número que necesitábamos para ir bien.

«¡Ya podíamos haber empezado así y me habría ahorrado doce días de angustia!», pensé. En mi montaña rusa particular de emociones y sentimientos pasé de estar en caída libre a subir de nuevo. Y eso era peligroso, porque cuanto más alto estás, más vértigo causa la bajada.

El doctor me dijo que tomase paracetamol para el dolor si lo necesitaba. Le pregunté si podíamos volver a Teruel, y respondió que, si no conducía yo, sin problema, pero que intentase tener un par de días de reposo. Al día siguiente me llamarían del laboratorio para informarme de cómo había ido la fecundación y cuántos embriones habíamos conseguido.

Bastante habían hecho en mi empresa dejando que faltase ese día, así que pregunté si podía ir a trabajar al día siguiente; le expliqué al médico que mi puesto era de oficina, y asintió:

—Si vas a estar tranquila y no te mueves demasiado, adelante.

Poco después apareció la enfermera trayéndome agua. Me dijo que si me sentaba bien, me traería un vaso de zumo, y que en cuanto orinase me quitarían la vía y me podría ir. Pero después de beber bastante agua y el zumo, no conseguía orinar. De seguir así me tendrían que sondar, y yo lo único que quería era marcharme a casa con mi buena noticia. Después de un rato, y asumido ya que me iban a poner la sonda, por fin logré orinar. ¡Bien! Me quitaron la vía y nos marchamos. Al vestirme, hice fuerza sin darme cuenta con la mano de la vía, y de repente descubrí que tenía un bulto enorme sobre la vena de la mano. ¡Menudo susto! Presioné deprisa y el bulto pareció disminuir, pero presentí que me saldría un hematoma considerable.

El final de la mañana fue, pues, un poco accidentado, pero lo importante era que había salido de la clínica con una gran noticia que además no entraba dentro de lo esperado.

Así que la vuelta a Teruel, contra todo pronóstico, fue buena. Las últimas veces que habíamos cogido el coche en Valencia para regresar a casa habían sido muy decepcionantes; ya no recordaba lo que era hacer ese trayecto con una sonrisa.

El resto del día lo pasé haciendo reposo en casa y contando las buenas noticias a mis tíos, primas y compañeras del foro. Esa noche volví a soñar con el tratamiento. En ese caso no fue un sueño tan positivo como el de la noche anterior: de los ocho óvulos, conseguían fecundar sólo dos embriones. Mi pensamiento al despertar fue: «¡Espero que no se cumpla!».

La siguiente mañana en el trabajo fue bastante mala. Lo achaqué a los nervios y el estrés de esperar la llamada que, junto con los que había acumulado los días anteriores, desembocaron en un terrible dolor de cabeza. Hacía mucho tiempo que no me ocurría, quizá desde que volvimos de Zaragoza tras la operación de mi padre.

La punción había sido sobre las diez de la mañana, así que como solían llamar a las 24 horas no me separé del móvil en ningún momento, y desde esa hora lo miraba cada cinco minutos.

Al final la llamada se produjo sobre las tres y media de la tarde.

La bióloga del laboratorio no me dio demasiada charla, sino que me facilitó la información en una conversación bastante corta y decepcionante. Resultó que de los ocho óvulos extraídos sólo había cinco maduros; con los otros tres no habían podido trabajar. Y de los cinco sólo habían fecundado dos. Me dijo también que un par de días después me llamarían de nuevo para comentarme la evolución de mis embriones.

«Vaya con mis sueños premonitorios –pensé–. Seguro que no sueño con los números de la lotería».

La alegría e ilusión del día anterior habían durado muy poco.

Total, para ese resultado hubiese sido mejor haber sacado sólo dos óvulos, que eran los dos iniciales con los que yo contaba, y me hubiese ahorrado todo el vaivén de emociones. Porque lo habitual últimamente era estar ahora arriba, ahora abajo. Entre las hormonas y los distintos resultados, la montaña rusa emocional ya me estaba empezando a marear.

Después de asimilar la noticia intenté pensar de nuevo que no necesitaba más, que esos dos embrioncitos serían mis campeones.

***

Al día siguiente no esperaba noticias, tenía asumido que había que confiar en esos dos únicos embriones. Mi dolor de cabeza desapareció por fin, y después de muchos días volví más o menos a la normalidad.

Dos días después era la comunión de mi único sobrino, al que adoro. Prometía ser un gran día con la familia; hasta se me olvidó por momentos la llamada que estaba esperando.

Mientras me maquillaba para el evento pensé en lo mucho que hacía que no me arreglaba de esa forma para salir. Desde luego, el acontecimiento lo merecía. Y seguro que a partir de entonces las cosas iban a ir mejor; yo, desde luego, me encontraba mucho más animada.

Cuando llegué a la iglesia y vi a mi sobrino no pude evitar pensar: «¡Está guapísimo! Qué mayor me parece de repente». Durante la ceremonia no hice otra cosa que mirarlo, orgullosa. Deseaba fervientemente que su futuro primo fuera igual de guapo y bueno que él. «¡Tendrá un buen ejemplo a seguir!». Al término de la ceremonia vi en el móvil una llamada perdida de la clínica y volví a mi realidad cotidiana de golpe. «¡Es verdad! ¡Me tenían que llamar!». Los nervios regresaron en tropel, no era capaz de esperar y me alejé para devolver la llamada.

Fue una mala decisión, tendría que haber esperado.

Me dijeron en el laboratorio, en ese caso un biólogo, que mis embriones no iban bien; su desarrollo estaba siendo muy lento y no los podían vitrificar así. De modo que los dejarían dos días más para ver cómo evolucionaban.

En ese momento prácticamente se me cortó la respiración. Tras la mala noticia inicial de contar sólo con dos embriones ni se me pasaba por la cabeza que algo pudiese ir mal con ellos. En realidad creía que una vez que fecundaban los óvulos, los embriones siempre evolucionaban bien hasta la transfer, y que era después cuando podían implantarse y terminar en embarazo o no. Pero no contaba con la posibilidad de que su desarrollo parase antes de tiempo y que no se pudiera finalizar el tratamiento.

Mientras estaba recibiendo esa malísima noticia fueron a buscarme para hacernos las fotos. Así que la situación incómoda estaba servida: por más esfuerzos que hice no conseguí evitar echarme a llorar; traté de calmarme, sequé mis lágrimas y mantuve al máximo la compostura, pero al final salí en todas las fotos con los ojos hinchados y la nariz roja como un pimiento.

Poco después, en cuanto tuve un momento, entré en el foro desde el móvil. Y es que aunque mi familia, que conocía mi situación, como siempre estaba allí para apoyarme, yo era consciente de que sólo mis compañeras sabían realmente cómo me sentía. No dejaba de preguntarme, y aún hoy lo hago, cómo personas que no conoces de nada son capaces de ayudarte tanto.

Finalmente, aquel día que prometía ser tan feliz tuvo un sabor agridulce. Yo intenté aceptar la situación una vez más y disfrutar de la jornada festiva con la familia olvidándome un poco del tema. Y lo cierto es que, aunque no lo conseguí del todo, no encontré una forma mejor de pasar mi pena que rodeada de mis seres queridos.

El día siguiente, que era domingo, lo pasé como buenamente pude. No dejaba de pensar en mis pequeños, sólo deseaba que continuasen fuertes, que lo consiguieran y que al siguiente día las noticias fueran que habían evolucionado bien y que los habían podido vitrificar.

Como las horas transcurrían muy lentamente intenté distraerme y alejar mi mente del tema, pero no lo lograba. Hiciera lo que hiciera, siempre acababa pensando en lo mismo y desesperándome porque el reloj no avanzaba.

Por fin llegó el lunes, y yo sólo confiaba en no tener que pasar por el suplicio de esperar la llamada tanto tiempo como la vez anterior; porque además me tocaba disimular los nervios en el trabajo, fingir que era un día normal. Mi compañera era la única que sabía que estaba esperando esa llamada.

El móvil sonó pronto, sobre las diez y media. Esa vez me llamó una chica muy agradable, pero que portaba una noticia que no lo era tanto. Me dijo, con todo el cariño del mundo, que mis dos embriones seguían lentos en su desarrollo y que los iban a dejar un día más en observación. Esa vez tuve la calma suficiente para preguntarle todas mis dudas y mantener una conversación que fuese más allá de los monosílabos por mi parte.

Lo positivo era que los dos seguían adelante, mis pequeños lo estaban intentando con todas sus fuerzas. La mala noticia era, en cambio, que la división celular se estaba produciendo muy lentamente. Me explicaron que tenían cinco días pero su estado era como si realmente tuviesen cuatro. Al día siguiente ya me podrían decir algo definitivo: o avanzaban bien y los podían vitrificar, o detendrían completamente su división celular. Entonces le pregunté:

—Y si al final los pueden vitrificar, ¿es posible que tenga algún efecto negativo sobre ellos el que la división celular haya sido más lenta de lo normal?

La chica del laboratorio respondió:

—No, eso no tiene ningún efecto negativo en los pequeños.

Eso me tranquilizó un tanto. Pero vuelta a esperar otro día, 24 horas añadidas de nervios, incertidumbre, de un lento transcurrir del tiempo…

Como ya dije, en el mundo de los tratamientos de reproducción asistida todo son esperas y nervios, y a cada cual le afectan en sus puntos débiles; a mí, normalmente, en el estómago o en el cuello: estaba contracturada a todas horas.

Aunque lo cierto es que me encontraba un poco más animada, porque todavía quedaba una pequeña esperanza; si en esos dos días no se habían parado, mis pequeños serían capaces de aguantar un día más. ¡Seguro! Yo confiaba plenamente en ellos.

Al día siguiente no recibí la llamada pronto, y lo tomé como una mala señal. No me llamaron hasta las dos y media de la tarde. De nuevo pasé una mañana entera acarreando el móvil por donde fuera, desesperada, fingiendo normalidad mientras mis pequeñines luchaban por salir adelante y yo por calmar mis nervios.

Por fin llegó la ansiada y temida llamada. Y la noticia no fue buena; de hecho, la peor de las posibles: los dos embriones se habían parado; ninguno de los dos lo había conseguido. La bióloga no era tan habladora como la del día anterior; sólo me comentó que podía deberse a la mala calidad de mis óvulos y que no sabía si eso podría volver a suceder en otros ciclos. Yo sólo tuve fuerzas para articular un "sí", un "no", y un "gracias" final antes de colgar y empezar a llorar amargamente. Todas esas malas noticias en un minuto de conversación. ¡Otro jarro de agua fría! Tantos días de nervios e incertidumbre para nada. Además de los doce días de pinchazos, los viajes a Valencia, la intervención, el precio del tratamiento… para ni siquiera poder terminarlo. ¡No era justo!

*****

De repente me sentí muy perdida, decepcionada y agotada. La FIV, que iba a ser la solución a nuestro problema, había resultado un fracaso total.

«Y ahora… ¿qué?». Según lo había planteado la bióloga, mis óvulos no valían; justo cuando empezaba a no avergonzarme de tener que recurrir a la fecundación in vitro para ser madre. Y yo no quería ni oír hablar de donación de óvulos; eso sí que me resultaba vergonzoso… Una cosa era que mis óvulos necesitasen ayuda, y otra muy distinta que a mi edad no sirvieran; para eso, desde luego, no estaba preparada.

Múltiples sentimientos recorrieron mi cuerpo en sólo cinco minutos: miedo, frustración, cansancio, desilusión…

CAPÍTULO 7

¿Qué camino seguir? Transición de la primera a la segunda fecundación *in vitro*

Tras el sentimiento de derrota y desesperación de ese día, al siguiente encontré fuerzas, no sé de dónde, para levantarme de la caída.

Mi familia me ayudó mucho, y también, una vez más, mis compañeras foreras. Les comuniqué el fatal desenlace y todo fueron comentarios llenos de energía que me calaron muy hondo. Comprendí que la infertilidad había ganado una batalla más, pero que todavía quedaba mucho por luchar.

Esa noche, temprano, recibí una llamada de mi médico para darme ánimos. Le agradecí enormemente ese gesto. Me dijo que la FIV no había salido bien pero que, pese a ello, teníamos que seguir adelante. Se alegró cuando le dije que no me había rendido, que iba a seguir luchando, que era fundamental continuar. A pesar de haberse parado los embriones, yo había seguido tomando los anticonceptivos que tenía pautados. El doctor me pidió que acudiese el día que tenía la cita y entonces hablaríamos sobre qué camino tomar.

Llegados a ese punto mi familia comenzó a mencionar la adopción. Su intención era buena; argumentaban que como los trámites son siempre tan largos, unos cuatro años en el mejor de los casos, podría empezar a gestionarlo y, mientras tanto, continuar con los tratamientos de fertilidad. Su razonamiento tenía mucho sentido, pero yo no estaba preparada para escucharlo, mucho menos después del contratiempo que acababa de sufrir. Para mí hablar de adopción en ese momento suponía dar mucho peso a la opción de no conseguir quedarme embarazada nunca, una idea que ya empezaba a rondar mi cabeza. Y necesitaba pensamientos positivos, no un plan alternativo por si el principal no funcionaba; y ya que yo sola no era capaz de generarlos era fundamental que el resto de la gente me los transmitiera.

Así que me cerré en banda. No lo demostraba, pero me molestaba profundamente hablar de ese tema.

CAPÍTULO 8

A por la segunda fecundación *in vitro*

Tenía cita en la clínica cinco días después de la llamada del doctor. Esos cinco días estuve casi las 24 horas pensando en la situación, no era capaz de desconectar. Me veía envuelta en una mezcla de nervios y preocupación; no quería que el médico confirmase lo que habían insinuado en el laboratorio y me recomendase una donación de óvulos. Esa posibilidad me generaba muchísima ansiedad. Intentaba, de todos modos, ponerme en lo peor y tratar de asumirlo; así ya estaría preparada si era finalmente la opción planteada. Pero cada vez que lo pensaba rompía a llorar.

En el foro leía a chicas que habían obtenido su positivo y a otras que ya habían conseguido ser mamás mediante esa técnica. Y las veía tan felices… Pero yo seguía sin estar preparada. Siempre me habían dicho que mi abuela, mi madre y yo nos parecemos muchísimo, inconscientemente siempre imaginé que mis hijos seguirían esa cadena, era como algo natural que ya venía dado. Yo quería que mis hijos tuvieran mi carga genética.

Cuando parecía que daba un paso hacia delante para aceptarlo, daba dos hacia atrás.

El día de la cita pasé casi todo el viaje hacia Valencia comentando con mis compañeras del foro lo nerviosa que estaba, y recibiendo palabras de cariño y apoyo por su parte.

Una vez en la sala de espera, la enfermera dijo mi nombre y yo pensé en la cantidad de veces que había vivido esa situación, y que en todas ellas estaba nerviosa, pero en ninguna como esa vez; era diferente, las palabras del doctor iban a marcar mi futuro. Me sentía como si estuviera parada frente a un abismo.

El ginecólogo estuvo tan cariñoso y amable conmigo como siempre. Apuntó que todavía era muy joven para plantear otra alternativa, que había que volver a intentarlo porque estaba seguro de que lo conseguiríamos.

Al verlo tan convencido volví a ilusionarme. Me propuso cambiar las cosas; según sus palabras me iba a hacer "un traje a medida": añadiríamos una nueva medicación para favorecer el desarrollo y la maduración de los folículos.

A continuación me explicaron el procedimiento para administrar la medicación en ese nuevo ciclo, y parecía mucho más complicado que el anterior. La segunda medicación consistía en unos frasquitos de polvos y otros de líquido. El primer paso era poner una aguja en la jeringuilla, coger el líquido del frasco, echarlo en uno de los de polvos y remover la mezcla. La dosis que yo necesitaba era de medio frasco, así que el segundo paso consistía en volver a meter la aguja en el que contenía la mezcla, sacar la mitad y echarla en el frasco que había quedado vacío. Después tendría que medir la dosis apropiada del bolígrafo de la primera medicación y añadirla al frasco. Una vez mezclado, con otra jeringuilla y otra aguja diferentes tendría que absorber la combinación final e inyectármela.

Me lo repitieron un par de veces, y aun así me seguía pareciendo difícil, con lo sencilla que era la medicación de la primera FIV. Al final creí tenerlo claro y asentí con firmeza.

En la nueva ecografía, el doctor observó que uno de mis ovarios estaba bien, pero en el otro tenía un folículo residual; éstos son los que se quedan en los ovarios en forma de quistes. Por consiguiente, tendría que continuar con los anticonceptivos y regresar en una semana para ver si había desaparecido.

***

Me fui a Teruel habiéndome quitado un gran peso de encima. Me sentía preparada para seguir con mil tratamientos más, pero no para que uno de ellos fuera el que implicaba recibir una donación de óvulos.

Ese día no pude evitar llorar por la tensión que tenía acumulada de los días anteriores, pero me sentía tan contenta que no me importaba tener que volver a pasar por todo. Comencé a pensar que la primera FIV había sido de prueba, para dar información a los doctores acerca de cómo respondía mi cuerpo a la medicación, y que en la segunda sería más factible conseguirlo.

De nuevo volví a la farmacia con las recetas, esa vez con una más: cerca de 2 500 euros en total. «Seguramente no podré ir de vacaciones hasta 2050, pero bueno»; pensé que era lo mejor en lo que podía invertir mi dinero, en luchar para alcanzar mi sueño.

Esa semana pasó de forma más o menos tranquila y normal. Seguí tomando los anticonceptivos rigurosamente y esperé a que llegase el siguiente control para comprobar si había desaparecido el quiste residual y podíamos continuar.

Como siempre, cogí la tarde de vacaciones en el trabajo. Al llegar a Valencia me sentía más relajada que otras veces.

Entramos a la consulta y en cuanto el doctor vio la ecografía me dijo que seguía teniendo el quiste en el ovario. Sus indicaciones fueron cancelar la medicación y esperar un ciclo más para empezar la segunda FIV. Quería que saliera perfecta, por lo que prefería aguardar y que todo estuviera en óptimas condiciones.

Una nueva espera. Y esta vez un ciclo entero. Cada vez me sentía más impaciente, pero no me quedaba otra opción.

Volví a Teruel un poco decepcionada, pero nada que ver con las veces anteriores. En esa ocasión la mala noticia suponía simplemente una nueva espera.

***

Ese mes, la regla llegó muy guerrera y lo pasé realmente mal. Con mi endometriosis estoy acostumbrada a tener malas menstruaciones, pero ninguna como aquella.

En medio de mi ciclo de descanso tuvimos la boda de unos amigos que todavía no sabían nada sobre nuestros problemas para concebir.

En mi grupo de amigos, cada vez que hay algún acontecimiento importante y una de nosotras no bebe ni una copa de vino, al poco tiempo anuncia un embarazo. Así que en los últimos eventos, bodas,

Nocheviejas… nos mirábamos con lupa unos a otros para ver si se avecinaba alguna buena noticia.

En esa boda todas las miradas cayeron sobre mí, porque según todos ya nos tocaba. Hacía casi dos años que nos habíamos casado, y además yo siempre había comentado que quería tener un hijo antes de los 30, y ya me quedaba poco tiempo para pasarlos.

Pero enseguida rompí todas las expectativas al servirme una copa de vino blanco con el pescado y empezar a bebérmela. Cómo me habría gustado no poder tomarla y que todos los amigos empezasen con las bromas antes de que pasaran los tres meses de rigor para confirmar la noticia. Pero no pudo ser; otro acontecimiento sin poder dar la tan ansiada noticia.

Después llegó nuestro aniversario. Ya había transcurrido un año desde que iniciamos la búsqueda y seguíamos como al principio. Bueno, no exactamente: llevaba encima una operación y dos tratamientos, además de la frustración y el desgaste psicológico que todo ello implica.

La celebración de ese año fue muy diferente a la del pasado, y a la que yo tenía en mente: la había imaginado con mi bebé en casa o, en su defecto, muy tranquila, con una gran barriga. Por el contrario, pasé un día muy normal y bastante tristona.

Ese mes volvimos a probar de forma natural. Aunque sabía que era bastante improbable conseguirlo, por lo menos así tenía la sensación de hacer algo, de seguir intentándolo de algún modo en vez de ver pasar los días de forma inútil. Por supuesto, lo de disfrutar de los días antes de embarazarme seguía sin entrar en mis esquemas.

***

Y de ese modo fueron pasando los días hasta la nueva cita en la clínica. Iba ilusionada porque íbamos a empezar un nuevo tratamiento, y eso suponía la posibilidad de que fuera el que funcionara, el que nos permitiera cumplir nuestro gran sueño.

Después de ir a la clínica casi cada dos días, llevar ya cerca de un mes sin acudir me parecía mucho tiempo.

Mientras permanecía en la sala de espera vi a las enfermeras saludar muy cariñosas a una chica, dándole dos besos, por lo que pensé que debía de llevar bastante tiempo allí. Las enfermeras y médicos me caían muy bien, pero esperaba no tener que estar tanto tiempo yendo como para llegar a alcanzar ese grado de confianza.

Me encontraba bastante tranquila porque era simplemente un control para ver si había desaparecido el folículo residual. La peor noticia que podía recibir en ese momento era que el quiste seguía en mi ovario y que tuviéramos que retrasar la FIV un ciclo más.

«No me gustaría, pero si he esperado un mes puedo esperar otro más», pensaba mientras aguardaba a ser llamada. Mis emociones no tenían nada que ver con la ansiedad de la última vez.

Al entrar a la consulta nos saludó el doctor, muy cariñoso, y tras hacer la ecografía me comunicó que el folículo había desaparecido.

¡Podíamos empezar! Nunca pensé que me alegraría tanto de afrontar una FIV. Si me lo llegan a decir unos meses atrás, con lo que tardé en aceptar tener que ser madre por ese método, no lo hubiese creído.

Tras pautar unas pastillas, las mismas que en la otra FIV, me citó para una ecografía doce días después, cuando estuviera con la regla. Vuelta a pasar mal rato. ¡Qué apuro me daba siempre!

Desconocía para qué servían las pastillas, pero tampoco se me ocurrió preguntar. Los tratamientos son como un acto de fe con tu doctor. Te receta una gran cantidad de medicación y hormonas, la mayoría inyectadas, y como una buena paciente te las administras sin ni siquiera cuestionarlo. Por eso es muy importante tener mucha confianza en el médico cuando te sometes a un tratamiento de fertilidad. Si existe la más mínima duda la relación no funciona y todo se complica notablemente, al fin y al cabo, estamos dejando en sus manos nuestra salud y el mayor de nuestros sueños.

Yo ese aspecto lo tenía más que cubierto, pues confiaba plenamente en mi doctor. Bueno, en mis dos doctores.

El viaje de vuelta a Teruel discurrió sin más incidencias. En esa ocasión no regresé triste y desconsolada, sino con la ilusión de volver a empezar y la esperanza de conseguirlo de una vez por todas.

***

En esos doce días salimos a cenar con los amigos, a los que seguía sin contar nada. Durante los tratamientos no bebía nada de alcohol, así que teníamos que pensar cómo hacerlo sin que pensaran que estaba embarazada y vernos obligados a dar explicaciones. En aquella ocasión la excusa fue que estaba con faringitis y en medio de un tratamiento con antibióticos para combatirla.

Días después teníamos otra cena seguida de un concierto. Esa ocasión fue más sencilla, porque las chicas estábamos todas en plan sano y pedimos agua. El concierto era de un grupo que me gusta mucho, y además era la primera vez que salía en mucho tiempo, así que conseguí desconectar un poco de todo. Aun así, me planteé la salida de forma tranquila por si acaso el método natural había funcionado ese mes, lo que por supuesto no sucedió. ¿Se puede ser más ilusa y boba?

Llegó el 1 de julio, día de la cita. Me asombraba ver cómo iban pasando los meses. Mientras me encontraba en la sala de espera de nuevo me sentía nerviosa, no porque me fueran a dar ningún tipo de noticia, sino por hacerme la ecografía estando con la regla: es algo a lo que nunca me acostumbraré.

El doctor vio que estaba todo en orden y dio el visto bueno para empezar con los pinchazos. Me recordaron cómo me tenía que administrar la medicación; mejor, pues era bastante más complicado que la ocasión anterior y prefería ir sobre seguro y hacerlo bien.

Al llegar a casa comprobé una vez más que en mi nevera seguía toda la medicación que necesitaba; como si al abrirla para coger la leche se pudiera ir de paseo.

A las diez de la noche preparé todo lo que necesitaba en una mesa y comencé a hacer las mezclas indicadas. Tardé un cuarto de hora en preparar la inyección final, y dejé la mitad de la mesa llena de envoltorios de jeringuillas y agujas. Acababa de tener una clase práctica de enfermería que me recordó cuando jugaba de pequeña al Quimicefa y quería ser de mayor química o farmacéutica.

Me llevó más tiempo del que pensaba, por lo que en la siguiente ocasión tendría que empezar antes a hacer las mezclas. Pero una vez tenía la inyección final venía la parte fácil: pincharme; ya era toda una experta.

Pensé en si el nuevo componente de la inyección me provocaría efectos secundarios o, por el contrario, pasaría los días de tratamiento de forma tranquila, como en la FIV pasada.

Al día siguiente empecé a preparar la medicación un cuarto de hora antes; me seguía costando mucho obtener la inyección final, pero esa vez lo hice con más seguridad.

Después de dos días más, al quinto desde que comencé con las inyecciones, fui a la clínica para el primer control ecográfico. De nuevo sentía mucho miedo. ¿Habría hecho efecto la nueva medicación? En la FIV anterior, con cinco días de pinchazos tenía sólo cinco folículos. «A ver esta vez con sólo cuatro días…».

Entré a la consulta, y durante la ecografía el doctor fue informando a la enfermera de los folículos que iba viendo. Tenía siete en un ovario y dos en el otro. ¡Genial! Con un día menos de pinchazos habíamos empezado mucho mejor que en el ciclo anterior.

—Vamos muy bien –confirmó el doctor–; éste va a ser nuestro mes.

Tenía que continuar con la misma pauta de medicación, y a partir del día siguiente añadir el pinchazo de la medicación que duele. La siguiente cita era tres días después. Primero debía hacerme un análisis de sangre para controlar el nivel de una hormona, y después un nuevo control.

Por fin una buena noticia al salir de la consulta, y un viaje de vuelta feliz. Estaba convencida de que esa vez sería la definitiva.

Después de tres días acudí al nuevo control. En la ecografía empezamos el recuento de folículos: había nueve de buen tamaño y dos más pequeños, que quizá podían crecer también. ¡En total, once! ¡Qué contenta me puse!

Si el resultado del análisis de sangre no indicaba lo contrario ni me llamaban para cambiar la pauta, tenía que seguir con las mismas dosis de medicación y volver dos días después para nuevos análisis y ecografía.

Y así fue. Esa vez me atendió el segundo ginecólogo, y en la ecografía se podían ver en total nueve folículos de buen tamaño. Dos se habían quedado por detrás, pero teniendo en cuenta el resultado de la anterior FIV, aquello era todo un logro. El plan era esperar para ver si crecían un poquito, así que tenía que volver al día siguiente, una vez más: el coche había hecho el recorrido ya tantas veces que seguro que cualquier día se animaba y se iba solo.

Por otro lado, entre los pinchazos del brazo y los de la barriga tenía el cuerpo que parecía un colador. Mientras me hacían el análisis de sangre pensaba que menos mal que no tengo miedo a las agujas ni me mareo al ver la sangre.

En la ecografía se apreciaban siete folículos de buen tamaño y alguno más pequeño, por lo que el doctor decidió programar la punción. De nuevo en la enfermería comentamos las pautas; eran exactamente las mismas que en la FIV anterior, pero mejor recordarlas para hacerlo todo de forma correcta.

Esa noche tocaba pinchazo de la medicación que duele, y después el de la indicada para liberar los óvulos; al día siguiente el antibiótico con una cena abundante, un día más tarde la punción… y después nueve días de anticonceptivos y un nuevo control.

Al salir de la consulta no pude evitar comparar esta ecografía con la que tuve en la anterior FIV; qué diferencia: la pasada vez sólo teníamos un par de folículos de buen tamaño y uno mediano, mientras que ésta íbamos con siete adecuados, así que me sentía con muchas esperanzas y muy ilusionada en que, por fin, tanto esfuerzo tuviera su recompensa. Además, los doctores eran optimistas. ¡Ya quedaba menos para alcanzar mi meta!

***

Después de cada control al que acudía debía informar a mi hermano, a mis primas, a mis tías, a mis compañeras del foro, a mi colega de trabajo…

En cada viaje agotaba la batería del móvil con tanto mensaje informativo.

Y ese día no fue diferente: pasé gran parte del recorrido informando a todos los que estaban pendientes de mí. Las respuestas fueron alegres y llenas de ánimo.

Al llegar la hora de ponerme las inyecciones, lo hice feliz, deseando que fueran las últimas. Y al día siguiente tomé el antibiótico con una cena copiosa y de nuevo me fui pronto a dormir porque tenía el estómago revuelto y muchas náuseas.

***

La punción estaba programada para el día siguiente, pero era sábado, así que era un alivio no tener que pedir el día libre en el trabajo. Además, como el lunes era festivo en Teruel podría descansar en casa un poco más.

Tras acudir a la clínica comenzó el mismo protocolo de siempre. Pude ver que en el listado de la recepcionista había apuntados muchos nombres para ese día, y pensé en la cantidad de chicas en la misma situación que yo. La sala de espera siempre estaba a rebosar, y en las dos punciones que llevaba la lista era bastante larga.

Una vez en la habitación, el celador vino enseguida y me acompañó al quirófano.

—Me suena tu cara, ¿has estado aquí antes? —me preguntó.

—Sí, es mi segunda punción —le respondí. La operación del pecho había sido por la tarde y por eso no habíamos coincidido.

La verdad es que con la gran cantidad de mujeres que pasábamos por allí a diario, debía de ser una persona muy observadora.

Una vez en el quirófano, vino el doctor a presentarse, porque no le conocía. A continuación me hicieron una ecografía, me pusieron la anestesia, y lo siguiente que recuerdo es a los celadores llevándome a la habitación.

Me sentía tranquila mientras esperaba al doctor, pero a la vez expectante: «¿Cuántos óvulos habrán podido obtener? Si la otra vez extrajeron ocho, ésta, que vamos mejor, espero que saquen alguno más».

Cuando por fin llegó el doctor me informó de la situación:

—Por muchos folículos que he pinchado, sólo he podido obtener cuatro óvulos. Lo siento, sé que esperabas más, y yo también, pero los ciclos de la mujer son impredecibles.

En aquel momento, en mi montaña rusa particular de emociones estaba en una zona muy alta porque el tratamiento iba bien y poco a poco me había ido ilusionando de manera creciente, pero después de esa conversación inicié una caída libre sin paracaídas ni red protectora. Me quedé sumamente abatida. «¿Por qué? ¡Con lo bien que íbamos!».

Cuando se marchó el ginecólogo rompí a llorar desconsoladamente. La enfermera, al ver mi estado, me preguntó si era efecto de la anestesia o si no había salido tan bien como esperaba. Le respondí tristemente que esperábamos que hubiese ido mejor. Esa vez oriné enseguida, y con la experiencia anterior no utilicé la mano de la vía. Ese final de punción fue mejor que el otro, pero de todos modos me encontraba muy afligida con la mala noticia.

Fuimos a comer, pero a pesar de llevar sólo un zumo en el cuerpo desde que me había levantado no tenía demasiado apetito. No dejaba de pensar en el resultado de la FIV anterior, en la que con ocho óvulos obtuvimos sólo dos embriones. En ese momento me sentía muy pesimista y estaba convencida de que el resultado sería el mismo y no podríamos ni terminar el tratamiento.

De nuevo los nervios y la ansiedad de la vez anterior. No podía dejar de llorar. Después de mi marido y mi madre, las primeras personas a las que les conté el resultado de la punción fueron las chicas del foro; necesitaba esa comprensión que sólo ellas podían ofrecerme. Y, una vez más, fueron las únicas que consiguieron consolarme un poco. Sus comentarios siempre estaban llenos de fuerza y energía positiva.

Después tuve que informar al resto de gente que estaba pendiente de mi tratamiento. Para mí esa fue la parte negativa de tener tantas personas preocupadas por mí, que cuando hubo malas noticias las tuve que ir retransmitiendo una y otra vez.

Llegamos a Teruel y como tenía bastante sueño a causa de la sedación, pasé el resto de la tarde durmiendo. Era la única forma de no pensar en el mal resultado.

A la mañana siguiente me desperté bastante desanimada. Sobre las doce y media sonó el teléfono: era la temida llamada del laboratorio. Lo cogí con miedo, pero lo que me dijeron me dejó bastante asombrada.

La interlocutora era una chica bastante agradable. Me informó de que habían podido trabajar con los cuatro óvulos y que los habían fecundado todos. A los dos días volverían a llamar para contarme cómo iban evolucionando. No me podía creer lo que acababa de oír: ¡Habían fecundado los cuatro!

Entonces tocaba esperar que mis cuatro campeones fueran adelante y no se quedaran en el camino como la vez anterior.

Mi estado de ánimo mejoró notablemente: en este punto teníamos el doble de embriones que la primera vez. Vuelta a subir en la montaña rusa emocional.

El día siguiente era festivo, así que lo pasé tranquilamente en casa, recuperándome de la punción y de las emociones vividas recientemente. Agradecía sobre todo no verme obligada a fingir normalidad en el trabajo, y poder llorar o reír si me apetecía, sin ocultar mis sentimientos ni mis motivos para tener un humor tan variable.

El martes tenía que volver a trabajar, con horario de verano, es decir, de ocho a tres. La llamada de la clínica tuvo lugar sobre las dos y media. Al escuchar el móvil cerré la puerta del despacho, pues no quería que nadie escuchara la conversación ni me viera llorar si el resultado era negativo.

No pude evitar responder muerta de miedo. La bióloga me informó de que teníamos un embrioncito de calidad A (la mayor), mientras que los otros tres tenían un desarrollo más lento, pero aun así eran evolutivos. ¡Iban a vitrificar los cuatro! ¡Increíble! Enseguida llamé a mi marido y a mi madre, y después se lo conté a mi compañera de trabajo. ¡Por fin podía dar una buena noticia!

Capítulo 9

Mi primera transferencia de embriones

Me sentía feliz; después del desánimo de los días anteriores volvía a subir de nuevo. La situación parecía favorable, seguro que esa vez podía conseguirlo. ¡Teníamos cuatro embriones vitrificados!

Además, la buena noticia sobre el resultado de la FIV coincidió con el noveno cumpleaños de mi sobrino. Por la tarde la celebración estuvo llena de niños de esa edad; debía de haber unos veinte. A cualquier persona le podría agobiar tanto alboroto, pero yo los miraba y me sentía feliz. Al contemplar a mi sobrino y ver lo que estaba disfrutando pensaba que algún día sería mi hijo el que estaría tan alegre celebrando su cumpleaños.

Los siguientes días pasaron de forma tranquila. Seguí tomando los anticonceptivos pautados, y esperando el control para ver cómo iba todo y fijar una fecha para la transfer. Sin darme cuenta habíamos llegado casi a finales de julio.

Y llegó el día del control. Me habían estado doliendo bastante los ovarios, de modo que intuía que tendría de nuevo folículos residuales, y así fue. En cuanto el doctor comenzó la ecografía observó no uno como la otra vez, sino varios.

En agosto mi médico tenía vacaciones, así que pospusimos la transfer para septiembre. Me aconsejó que desconectase y disfrutase del verano, me recetó anticonceptivos para eliminar los folículos y me citó para un control a finales de agosto, justo el día de mi cumpleaños. ¡Eso me tenía que dar suerte!

Volví a Teruel contenta, porque todo estaba bien y septiembre seguro que llegaba pronto. Nunca había pensado que desearía que pasara rápido el resto del verano. El mes de agosto fue tranquilo, pero aunque conseguí relajarme y disfrutar de los días, estaba impaciente por que llegara el 28 para volver a la clínica y planear la siguiente parte del tratamiento.

A mediados de mes, otra compañera de trabajo me contó que estaba embarazada. Me alegré mucho por ella, y decidí contarle que yo lo buscaba también, pero que estaba tardando mucho más de lo que me gustaría. Le expliqué también lo de los tratamientos. Varios días después se lo conté a otra compañera, y así, poco a poco, fui haciendo partícipes de mi situación a todas las chicas del despacho de al lado, que son las que vivían más de cerca mi día a día. Todas me animaron y apoyaron mucho. No sé qué otra reacción esperaba de la gente, lo cierto es que cuando se lo dije a mis primas, amigas y compañeras de trabajo sólo encontré comprensión por su parte. Ser capaz de contarlo y ver que quienes quiero me apoyaban, hizo que me quitase un gran peso de encima.

Seguí tomando los anticonceptivos según las instrucciones recibidas. La primera regla después de la estimulación y la punción volvió a ser realmente dolorosa; me solía suceder así, que eran reglas bastante rebeldes.

Fue pasando el verano y por fin llegó el día de mi cumpleaños y, con él, la cita en la clínica. En la nueva ecografía el ginecólogo observó que ya no había rastro de los quistes residuales, y confirmó que cuando me viniera la regla en septiembre podríamos continuar con el tratamiento. A continuación me explicó el procedimiento que íbamos a seguir en los próximos días. Al estar tomando anticonceptivos sabíamos qué día iba a hacer su aparición la regla, y desde ese momento tenía que pincharme durante cinco días la medicación para inhibir la ovulación. También debía ponerme unos parches cada dos días, que sirven para engordar el endometrio y preparar una buena "cama" para mis embriones. El personal sanitario iría controlando el proceso con ecografías, y cuando el endometrio estuviera preparado me harían la transfer de dos de los embriones, mientras que los otros dos seguirían vitrificados.

La vuelta a casa la hice muy ilusionada. Por fin había llegado a la parte final del tratamiento, la que la vez anterior no llegué a vivir; el punto previo a conseguir mi gran sueño.

***

Sólo cuatro días después, dentro de lo previsto, me vino la regla, así que empecé con las inyecciones y los parches.

De nuevo, los nervios que conllevan el tratamiento y una nueva medicación. «¿Tendré efectos secundarios? ¿Producirá el resultado esperado?», me decía.

A los nueve días estaba programado el control para comprobar el estado de mi endometrio. Tras hacerme la ecografía, el doctor opinó que ya estaba listo, por lo que fijamos fecha para la transfer cuatro días después. Una vez más, me explicó las nuevas pautas de medicación: seguir con los parches cada dos días, y a partir del siguiente por la noche añadir la progesterona dos veces al día. Ésa era la medicación que durante la inseminación me había sentado tan mal. ¡Y esta vez me tenía que poner una dosis cuatro veces mayor! «A ver qué tal —pensé—; será sólo un último esfuerzo».

Llegué a casa muy contenta, pues cada vez nos acercábamos más a la meta. Era lunes, y esa semana más que nunca deseaba que llegara el viernes, el día fijado para mi transfer.

Al día siguiente por la noche empecé con mi primera dosis de progesterona, temiendo que hicieran su aparición los difíciles efectos secundarios. Sin embargo, por la mañana todavía no habían aparecido; en realidad era muy pronto para que las cápsulas ejercieran su efecto negativo. Pero pasó el resto de la jornada, y la siguiente, y yo seguí encontrándome bien, por lo que podía afirmar que, contra todo pronóstico, no estaba sufriendo los efectos negativos.

***

La víspera de mi ansiada transferencia hablé con mis compañeras foreras y ellas me contaron que ese momento es mágico, inolvidable; el más bonito del tratamiento, cuando por fin tus pequeños están dentro de ti. Muchas de ellas habían llorado de la emoción, y me aseguraban que nunca lo olvidaría.

El primer paso era desvitrificar bien los embriones. Las posibilidades de que todo fuera según lo previsto eran muy elevadas, pero aun así tenía mucho miedo de que algo no saliera bien. A continuación me llamarían del laboratorio para informarme del resultado de la desvitrificación y de la hora de la transferencia, que si no se volvía a cancelar sería por la tarde.

Demasiadas emociones para concentrarme en el trabajo el viernes, así que decidí coger el día libre.

Al ir a dormir el jueves me encontraba hecha un manojo de nervios; el siguiente iba a ser un día muy importante. Me aseguré de tener el móvil con bastante batería y me acosté con él muy cerca, por si llamaban pronto por la mañana. Tras dar muchas vueltas en la cama al final conseguí conciliar el sueño, y me desperté muy temprano. ¡Para un día que no tenía que madrugar! Pero los nervios no me permitieron dormir más. Llevaba el móvil conmigo a todas partes; por fin, sobre las diez y media, sonó.

La llamada era de la clínica, por lo que contesté muy emocionada y a la vez muerta de miedo. La bióloga me dijo que mis dos pequeños habían desvitrificado muy bien y que la transferencia sería a las cinco de la tarde, como estaba previsto. Las pautas eran que estuviese media hora antes, que llevase camisón y zapatillas, y que fuera con la vejiga llena.

¡Bien! Al colgar me sentía eufórica. Poco a poco el tratamiento iba por buen camino; ya quedaba menos para mi final feliz.

Les conté enseguida las buenas noticias a mi marido y a mi madre, y planeamos el viaje a Valencia. Esta vez volví a pedir a mi madre que viniera con nosotros; después de todo lo que se había volcado conmigo, quería que estuviese a mi lado en ese momento tan importante.

Al llegar a la clínica, y aunque me sabía de sobra el camino a las habitaciones, pasé por recepción como las veces anteriores. Una vez en la habitación me pusieron la pulserita con mi nombre y número de historia, y me pidieron que esperara al celador. De nuevo la misma historia, sólo que en esa ocasión estaba allí para llevar a cabo la última parte del tratamiento e irme de allí con mis pequeños dentro.

Mi marido y yo decidimos hacernos una foto para recordar ese momento: en la imagen llevo el camisón y la bata puestos, tengo la vejiga llena y me siento muy emocionada. Sin embargo, el tiempo iba pasando y nadie venía a buscarme.

Tenía bastantes ganas de orinar, pero no podía; no contaba con pasarlo mal por este motivo.

Hora y media más tarde, por fin apareció el celador. ¡Y dejaron entrar a mi marido a quirófano para presenciar la transferencia! Para ello le proporcionaron unas calzas, una bata y una mascarilla; y a mí también unas calzas y una redecilla para el pelo. Una vez preparados, entramos los dos.

El doctor nos saludó muy cariñoso y nos enseñó una foto de los embrioncitos que me iban a poner: la primera imagen de mis pequeñines.

Me tumbé en la camilla y me explicaron que primero me iban a hacer una ecografía abdominal para ver el lugar en el que colocar los embriones. Había un monitor delante, así que podría ver todo el proceso.

Al empezar la ecografía me presionaron mucho la vejiga. «¡Madre mía, lo que me faltaba!». Pero en ese momento el doctor dijo algo que me dejó anonadada:

—El lunes estaba todo correcto, pero hoy tienes líquido en el útero, por lo que hay que cancelar la transferencia. No puedo ponerte los embriones en estas condiciones.

Me quedé sin respiración, y lloré... pero no por la emoción de tener a mis pequeños conmigo, como esperaba, sino por la frustración.

¡No me lo podía creer! ¿Esto estaba pasando? ¿Era real?

Con lo ilusionada que iba y lo que había esperado ese momento. De todas las historias que conozco de mis amigas foreras, algo así no le había ocurrido a nadie más.

***

Como yo no era capaz de articular palabra, fue mi marido quien preguntó qué ocurriría con los embriones, y le respondieron que los iban a llevar a blastocistos, es decir, los dejarían evolucionar en el laboratorio hasta el quinto o sexto día y después los vitrificarían otra vez. Me aclararon que no había ninguna contraindicación por hacerlo.

El doctor cogió una muestra del líquido para analizarlo, y las siguientes instrucciones fueron dejar la medicación y volver en cinco días para una nueva revisión y para que me informasen de la evolución de los embriones y de la posible causa de la presencia del líquido. Añadió que al dejar la medicación, en un par de días me vendría la regla.

Todavía con lágrimas en los ojos, fui a pedir cita para el miércoles siguiente.

CAPÍTULO 10

Una nueva operación

De nuevo una vuelta a Teruel muy triste, con sensación de angustia y frustración, mientras transmitía a toda la gente que seguía mi tratamiento el desenlace de los acontecimientos.

Las muestras de apoyo que nuevamente recibí de todos no conseguían consolarme. «Tendría que estar volviendo a casa con mis pequeños conmigo. ¿Por qué tengo tanta mala suerte?»

Al día siguiente cometí la gran equivocación de buscar en Internet las posibles causas de la presencia de líquido en el útero. En esta ocasión, la Red no sólo no me ofreció la respuesta mágica que buscaba, sino que logró que además de preocuparme por el tratamiento lo hiciese también por si padecía o no alguna de las terribles enfermedades que se mencionaban.

De modo que decidí dejar de buscar información y esperar a que llegase el miércoles. «Lo que tenga que ser, será».

El domingo me vino la regla, tal como estaba previsto, y pasé el día pensando que quizá llamarían del laboratorio para decirme cómo evolucionaban mis dos embriones, pero la llamada no llegó. Dudé si llamar yo para preguntar, pero finalmente opté por no hacerlo.

*****

El lunes fui a trabajar bastante desanimada. Las compañeras del despacho de al lado ya conocían mi situación, así que les conté lo mal que había ido todo, mientras hacía terribles esfuerzos para no echarme a llorar.

A mitad de la mañana ya no soportaba más la incertidumbre, así que cogí el móvil, salí a la calle y llamé al laboratorio para conocer el estado de mis pequeños. Entonces me informaron de que no había sobrevivido ninguno de los dos, que ya habían hablado con mi doctor y que el miércoles me informaría él.

La desesperación se apoderó de mí: «Hemos perdido a mis pequeñines. Con lo que nos había costado conseguirlos… No puede ser, esto no puede estar pasando».

Nada más colgar, mi primer impulso y lo único que me apetecía era llamar a mi marido para que viniera a buscarme al trabajo, porque no me veía con ánimo de conducir, y pasar el resto del día en la cama llorando.

Pero no, «esto no puede acabar conmigo», pensé. Todavía no sé muy bien de dónde, pero al final saqué fuerzas, respiré hondo y volví a entrar al despacho. Dediqué media hora a entrar al foro y desahogarme contando las últimas malas noticias, y después volví a centrarme en el trabajo.

De nuevo los comentarios de apoyo de mis compañeras foreras fueron cruciales para mí. Ellas me aportaron gran parte de la fuerza que en ese momento necesitaba para continuar.

Pasé el resto de la jornada, el día siguiente y la mañana del miércoles intentando concentrarme al máximo en el trabajo para no pensar en otra cosa, y la verdad es que con la cantidad de faena que tenía me resultó fácil.

Por la tarde viajamos de nuevo a Valencia para acudir a la consulta. Ese día estaban los dos doctores, ambos muy amables y cariñosos, como siempre. Se notaba que querían que el tratamiento tuviera éxito, y que les afectaba que de momento no fuera así.

En la ecografía vieron algo que comentaron entre ellos, y al terminarla me explicaron que tenía hidrosalpinx en una trompa, lo que significaba que estaba inflamada y contenía un líquido tóxico para los embriones; eso fue lo que provocó que tuviese líquido en el útero el día de la transferencia. La causa última volvía a ser mi endometriosis, que con la medicación para las estimulaciones ováricas de los últimos dos ciclos de FIV había vuelto a aparecer.

La solución pasaba por someterme a una laparoscopia para extirpar la trompa y comprobar el estado de la otra. Uno o dos meses después de la operación podríamos retomar el tratamiento para la transferencia de los dos embrioncitos que nos quedaban.

Por un lado eran muy buenas noticias, después de todo lo que había leído por Internet. Por otro, tenía que volver a quirófano una vez más, y esta vez para algo más serio que una punción.

Me pidieron que llamara al día siguiente a quirófano para que me dieran la fecha de la laparoscopia, y pasamos la vuelta a Teruel como siempre: informando de las noticias.

La mala suerte había sido que cinco días antes de la transferencia estaba todo perfecto; si no hubiera ocurrido así se habría cancelado antes el ciclo y no habríamos perdido los embriones. Pero bueno, no quería seguir dando vueltas a algo que ya no tenía solución; era mejor pensar que algún día la buena suerte estaría de mi lado.

Al día siguiente llamé a la clínica, y calculando mi ciclo y el día aproximado en el que me tendría que venir la regla, programaron la operación para el 23 de octubre, con el mismo doctor que me había operado de la endometriosis años atrás. Esto me dio mucha confianza, y sería agradable volver a verlo, aunque hubiese preferido hacerlo en otras circunstancias.

Como ya me habían operado una vez por laparoscopia en la misma clínica y con el mismo cirujano, ese tema no me preocupaba en absoluto. De nuevo mi pensamiento se centró en conseguir mi sueño de ser mamá, que cada vez se iba complicando más.

***

Las semanas previas a la operación fueron realmente malas. Sé que era demasiado optimista por mi parte, o tal vez ingenuo, pero tenía la esperanza de que esa primera transferencia hubiera funcionado, y posteriormente conseguir el hermanito con los otros dos embrioncitos vitrificados. Pero de nuevo todo se había frustrado, y mi pensamiento iba muy por delante de todo lo que sucedía en ese momento.

No dejaba de obsesionarme pensando que si la siguiente transferencia funcionaba, si quería tener un segundo hijo necesitaría someterme a una tercera FIV; pero para entonces habría pasado casi un año de la anterior y mis óvulos todavía serían peores. Así que, viendo el resultado previo, quizá tendría que recurrir a la ovodonación.

Cuando mis pensamientos me llevaban a ese punto no podía evitar llorar. Mi deseo era no recurrir a esa solución, no estaba preparada; por mucho que intentaba hacerme a la idea (porque, aunque no quería aceptarlo, cada vez lo tenía más cerca), no podía.

Por esa época escuché comentarios de personas poco tolerantes que afirmaban que los métodos de reproducción asistida propician que se trafique con embriones como con jamones. Esto hizo que me planteara si no era una egoísta por querer ser madre a toda costa. Pero posteriormente otras personas me convencieron de que no es para nada egoísta desear tener un bebé con el fin de darle todo el amor y cariño que una lleva dentro.

De esta forma, bastante abatida, decaída y sin ganas de hacer nada, fueron transcurriendo los días hasta que me vino la regla. Como se adelantó a la fecha prevista llamé a la clínica para ver si se modificaba la fecha de la intervención. Tras comprobarlo, observaron que estábamos al límite pero que no hacía falta cambiarla. Así que pasé de nuevo por el preoperatorio, y me dispuse a esperar hasta el 23 de octubre.

La víspera cogí el día libre, prefería estar en casa tranquilamente. Además, la mitad de los compañeros de la oficina estaban resfriados, y yo empezaba a notar un ligero dolor de garganta. Con la mala suerte que me caracterizaba sólo faltaba que me resfriara también y tener que retrasar la operación.

***

Y el día de la operación llegó. Como años atrás, los padres de mi cuñada nos acogieron con los brazos abiertos unos días en su casa. Me parecía estar reviviendo aquel 24 de junio de 2005.

Llegamos a la clínica y, una vez más, en el mostrador me hicieron subir al segundo piso, y de allí a la habitación. Parecía mi segunda casa. Me trajeron la bata, las zapatillas, la pulsera con mi nombre y número de historia… Conocía de sobra todo el protocolo. Tras responder que sí, que iba en ayunas, me tomaron la tensión y poco después vino la enfermera a cogerme la vía.

Unos minutos después apareció el celador para llevarme a quirófano, y en el ascensor me reconoció de nuevo y bromeó conmigo. Le dije que le había cogido cariño a los quirófanos de la clínica.

Ya en el quirófano, el cirujano se acercó a hablar conmigo antes de anestesiarme.

—Vengo a operarte de tu endometriosis –me dijo.

—Es la segunda vez. Ya me operó hace ocho años de lo mismo –le respondí.

—Pues no se notan en absoluto las cicatrices –comentó, asombrado–. Ya verás cómo esta vez tampoco se notarán.

Después vino el anestesista, y enseguida me durmió.

***

Tras la intervención, de vuelta a la habitación, estaban esperándome mi marido y mi madre, y al poco tiempo vino el cirujano a informarnos de cómo había ido. Al parecer, habían encontrado más tejido de lo que esperaban, por lo que había tenido que trabajar más que ocho años atrás. Había extirpado una trompa y, aunque la otra también estaba afectada, estaba muy pegada al ovario, por lo que no podía extraerla sin quitarme también el ovario, así que la había tenido que aislar. También había extirpado un quiste y limpiado múltiples adherencias de la endometriosis que tenía por varios sitios.

Pero todo había salido bien, y yo me encontraba bien también. Las horas posteriores a la primera operación habían sido bastante malas; tuvieron que administrarme varios calmantes, y aun así tuve los dolores de regla más grandes que he sufrido nunca. Esperaba algo parecido, pero a pesar de que la intervención había sido más importante, me sentía mucho mejor.

Las indicaciones del doctor fueron permanecer tres semanas de baja y llamarlo para ver cómo evolucionaba la herida. Esa misma tarde fuimos a casa de los padres de mi cuñada, y al día siguiente volvimos a Teruel.

Unos días más tarde comencé a sangrar bastante, como una regla, lo cual no me había ocurrido la vez anterior. Yo me encontraba bien, pero en la hoja de indicaciones era uno de los motivos por los que aconsejaban llamar a la clínica, así que por si acaso lo hice. La enfermera que me atendió opinaba que podía ser la misma regla, pero que le iba a dejar una nota al doctor para que hablara conmigo.

Cuando me llamó me dijo que no consideraba que fuera la regla, y no pareció darle ninguna importancia, así que me quedé más tranquila. Con lo complicada que había sido la operación debía de ser algo normal.

***

A finales de noviembre, un mes después, tenía que volver a revisión para ver cómo estaba todo. De nuevo días de espera, sin mucha ilusión por las cosas. Además experimentaba un sentimiento extraño: en ese punto no es que tuviera muchas esperanzas de conseguir un embarazo de forma natural, pero tampoco era algo imposible. En las esperas entre tratamientos podía seguir intentándolo. Y siempre existía la posibilidad de convertirme en una de esas personas afortunadas que todo conocido tuyo conoce a su vez; esas historias que toda infértil ha escuchado, en las que la "prima de la amiga de una vecina…", después de un gran número de tratamientos, se había embarazado de forma natural. «Pero eso ya no es posible para mí. Ya no hay manera de conseguirlo de forma natural», me resignaba.

En la revisión pareció estar todo correcto; de nuevo el cirujano había realizado un excelente trabajo. Como ya estábamos a finales de noviembre, el doctor nos advirtió que se acercaban las fiestas y que el laboratorio y las consultas contarían con la mitad del personal, así que prefería dejar para enero la nueva transferencia.

¡A esperar más tiempo! Pero bueno, como decía él: «Para que todo esté en óptimas condiciones». Después de lo que llevaba esperado, no me importaba hacerlo un mes más.

Calculamos la fecha en la que me tenían que venir las dos siguientes reglas, y quedamos para la siguiente ecografía el lunes de la última semana de diciembre. Así para principios de enero podría tener lugar la transferencia.

Sin embargo, aunque no había tenido un ciclo de 23 días desde los 16 años, justamente ese mes volví a tenerlo y se adelantó muchísimo la regla, rompiendo todo lo que habíamos planeado.

Llamé a la clínica, y me dijeron que teníamos que retrasar todo un mes más, así que en vez de a finales de diciembre tendría que ir a finales de enero. Frustración y enfado total.

La gente ajena a este mundo puede que no entienda por qué tanto drama por un mes más o menos de espera. Pero en el mundo de la infertilidad, donde todo son esperas, el tiempo juega en nuestra contra y queremos resultados y soluciones para ya; cada día extra que se retrasa algo convierte la situación en muy frustrante.

CAPÍTULO 11

Abriéndonos a otras opciones

Seguían pasando los días y yo los iba tachando en el calendario, y contando los que quedaban hasta la supuesta regla de enero. Los contaba una y otra vez, como si de esa forma fuesen a pasar más rápido.

En junio había leído un libro[3] sobre la infertilidad que me ayudó mucho. A través del foro localicé a su autora y no pude resistirme a escribirle un mensaje privado. Me había encantado su libro y quería transmitírselo. Encontré que era una chica muy sencilla, un encanto y un amor de persona.

Durante este tiempo, en uno de los foros que seguía, una compañera puso un enlace a un video colgado en internet; era de una joven que también había pasado por todo el proceso de la infertilidad, y contaba sus vivencias. Duraba casi una hora, pero me fascinó. Esa chica tenía el don de poner en palabras los sentimientos que muchas de nosotras somos incapaces de expresar. Me sentí muy identificada con lo que contaba y, de nuevo, me hizo saber que no estaba sola, que somos muchas las mujeres que nos encontramos en esa situación.

Esa chica también tenía un blog, y la mejor forma que encontré de pasar esos nuevos días de espera fue ir leyendo todas sus entradas y comentarios. Lo único que lamentaba era no haberla encontrado antes. Decidí, finalmente, escribirle un email para resumirle un poco lo que llevaba pasado, contarle cómo me sentía y darle las gracias porque, sin saberlo, me había ayudado mucho con su blog.

a y amiga Marian Cisterna, *No tires la toalla, hazte un bonito*

Me respondió con un emotivo mensaje en el que me informaba de que había un grupo de chicas infértiles también en Twitter y me invitaba a unirme a ellas. Ni me lo pensé, creé una cuenta y así lo hice. Se doblaba, pues, la faena entre las chicas del foro y las de Twitter, pero me gustaba sentirme tan acompañada y, por otra parte, también útil, intentando devolver parte del apoyo y cariño que yo había encontrado.

Las chicas del foro habían supuesto un antes y un después en mi actitud ante el problema. Gracias a ellas logré aceptar la situación y superar la soledad. Y con las chicas de Twitter di un paso más y encontré fuerzas para, definitivamente, no avergonzarme y poder decir en voz alta delante de la gente: «Soy infértil, ¿y qué?».

Por esas fechas se celebró la cena de mi empresa, y creo que fue la primera vez desde que comenzó la aventura de buscar bebé que salía de fiesta y me divertía de verdad, olvidándome por unas horas de todo lo que estaba viviendo.

Y de nuevo llegó la Navidad; la segunda sin conseguir mi objetivo. «¿Cuántas Navidades más pasarán así?», pensaba.

En este punto ya había aceptado que me hablaran de adopción. Aunque me aterraba la idea de tener que recurrir a ella, los demás me hicieron comprender que al haber tanta lista de espera podía ser una buena idea ir tramitando los papeles mientras seguíamos con los tratamientos. A finales de diciembre comencé a informarme, y el primer paso fue una charla informativa a la que teníamos que asistir mi marido y yo.

En la reunión nos entregaron una lista de documentos a presentar y nos dijeron que a finales de marzo había un curso al que era obligatorio asistir. La lista de documentos era interminable, pero como teníamos mucho tiempo los fuimos recopilando poco a poco y los entregamos. Después sólo quedaba esperar la carta informando de que la solicitud había sido aceptada, y citándonos para el curso.

El hecho de empezar a aceptar la posibilidad de la adopción y haber iniciado los trámites me ayudó también a asumir un poco más la opción de la ovodonación.

***

Los días siguieron pasando lentamente, hasta que me vino la regla a finales de enero. ¡Por fin!

Fuimos a la clínica, y tras ver en una ecografía que todo estaba correcto, planificamos la transferencia de mis dos embrioncitos. «¡Vamos a confiar en ellos y a darles una oportunidad!», me animé.

La pauta de medicación era la misma que en la transferencia cancelada: durante cinco días me tenía que pinchar la medicación que duele, y cada dos días los parches. Esto ya lo conocía, y además la última vez no me produjo demasiados efectos secundarios.

Así que volvimos a casa con una mezcla de miedo e ilusión, porque por un lado comenzaba una nueva oportunidad de conseguir mi sueño, y por otro, algo podía volver a salir mal. Aunque esta vez tenía el doble de apoyo: el de mis amigas foreras y el de mis amigas de Twitter, además del apoyo de mi familia, por lo que me sentí muy acompañada durante ese viaje.

Esos días me administré la medicación puntualmente y, en la nueva revisión para ver el estado de mi endometrio, apareció en la ecografía ya con un tamaño adecuado, así que me programaron la transfer para dentro de 5 días, el lunes 3 de febrero. Entretanto debía seguir con las mismas pautas de medicación, añadiendo dos días después la progesterona dos veces al día.

Decidí coger esa semana de vacaciones, porque aunque no hiciera falta hacer reposo prefería descansar tranquilamente en casa a estar nerviosa en el trabajo. Me percaté entonces de que había sido tan alto el grado en que mi vida había girado alrededor de los tratamientos de reproducción asistida, que había gastado todas mis vacaciones en viajes a la clínica y aspectos relacionados con ellos.

CAPÍTULO 12

La segunda transferencia de embriones

Por fin llegó el día de la transferencia. Aquella mañana volvieron los nervios y la incertidumbre: ¿habrían desvitrificado bien mis dos embrioncitos? Tenía miedo de que se cancelase por segunda vez.

La bióloga me informó de que mis dos pequeños estaban bien, esperando que fuera a buscarlos. Me comunicó la hora de la transferencia y de nuevo las mismas pautas: ir con camisón y zapatillas, y tener la vejiga llena.

Llegamos a la clínica, subí a la segunda planta, y ya en la habitación me puse el camisón y las zapatillas. Esta vez fueron bastante puntuales, así que no sufrí por las ganas de orinar.

El celador vino a buscarnos y nos acompañó hasta la entrada a los quirófanos. Nos pusimos las calzas, la bata, la mascarilla y la redecilla para el pelo, y entramos.

—A ver si tenemos más suerte esta vez —comentó el doctor. A continuación nos enseñó la foto de los embrioncitos que me iban a poner, y después me tumbé para comenzar con la transfer.

En ese momento estaba temblando; no podía dejar de pensar en la transferencia anterior y en la manera en que se habían esfumado mis esperanzas entonces.

Pero esta vez fue diferente: en la ecografía el médico lo vio todo perfecto, por lo que sí era posible transferirme a mis pequeños. Seguimos todo el proceso en la pantalla y realmente vivimos un momento muy emocionante. No llegué a llorar, pero sin duda fue la mejor parte del tratamiento.

Después debía permanecer un par de días en reposo, y a continuación podía llevar una vida normal. Eso sí, tenía que seguir con la progesterona y los parches, y dos semanas después tendría lugar la prueba de fuego: "la beta", que es la determinación en sangre de una hormona que produce el embrión; su presencia indica si hay o no embarazo.

—¿Puedo ir de viaje el fin de semana anterior a la beta? –le pregunté al doctor–. Lo tenía programado hace tiempo.

—Sin problema –me respondió–. Disfrútalo y no pienses en el análisis.

Ya había pasado por una "betaespera", la de la inseminación, y fueron dos semanas muy duras, pero esta vez sería diferente. Después de todo lo que había vivido desde el inicio de la primera FIV... por fin tenía a mis pequeños conmigo. Era lo más cerca de estar embarazada que había estado nunca, y así decidí sentirme. Dos semanas después ya veríamos. Además, me sentía llena de fuerza, y contaba con muchas más "compañeras de viaje" que en la inseminación.

***

Esas dos semanas se me hicieron eternas; el reloj parecía no avanzar mientras deseábamos un resultado que no acababa de llegar. Pero había sido tan largo el camino hasta esa betaespera que disfruté mucho de aquellos días, si bien los nervios seguían muy presentes; la primera semana no demasiado, pero la segunda, conforme se iba acercando la hora de la verdad, eran casi insostenibles. Y por otro lado me aterraba que llegara el día de la prueba.

En el viaje que tenía planeado para el fin de semana anterior a la prueba nos desplazaríamos con muchos otros aficionados para apoyar a nuestro equipo de voleibol en la Copa del Rey; en Teruel hay mucha afición a este deporte. Entre los compañeros de viaje había una conocida que estaba embarazada de seis meses y, sin saber nada de mi búsqueda y menos de mis tratamientos, me dijo que ya me llegaría a mí. Yo le sonreía y pensaba: «Si ella supiera… En dos días me enteraré de si me ha llegado o si me doy un nuevo batacazo y tengo que continuar luchando».

El fin de semana transcurrió de forma bastante entretenida y, aunque era inevitable pensar en el lunes, fueron unos días agradables.

Llegamos el domingo por la noche a casa y, como era de esperar, me costó mucho conciliar el sueño. El día siguiente iba a ser muy importante; deseaba con todas mis fuerzas que mis pequeños se hubieran quedado conmigo. Al despertarme por la mañana descubrí que no había soñado nada relacionado con el tratamiento ni con su resultado. A primera hora me hice el análisis de sangre.

Las foreras me habían dicho que normalmente el resultado puede estar en dos o tres horas, así que cuando pasó este tiempo empecé a esperar la llamada. Sin embargo, tardó mucho más, seis horas, y cuando sonó el teléfono me dio un vuelco el corazón. Lo que me dijeron no era lo que esperaba oír, pero tampoco era negativo: mi valor era de 15,4.

Por encima de 5 es positivo, pero a esas alturas y después de haber hablado tanto con mis amigas virtuales, sabía que ese valor no tenía buen pronóstico. Sí que se había producido el intento de implantación, pero el valor era muy bajo y podía ser señal de una implantación tardía; a eso decidí aferrarme, pero quedé profundamente decepcionada.

En mi llamada a la clínica para comunicar el valor de la beta la enfermera me dijo que tendría que ir repitiendo la prueba cada dos días. El resultado debía ir duplicando su valor, y aunque tuviera varias subidas podría negativizarse en cualquier momento. Así pues, se avecinaban bastantes días de nervios.

Al final de la tarde recibí una llamada de mi doctor en la que me confirmó que teníamos una prueba de embarazo positiva, pero que el valor era muy bajo y que había que controlarlo. Su recomendación fue hacer reposo los dos días siguientes, y acordamos que volvería a llamar con el resultado de la siguiente beta.

Esos dos días los cogí de vacaciones nuevamente, y aunque intenté evitarlo pasé muchísimos nervios, más aún que todos los sufridos en los tratamientos anteriores. Hice todo el reposo posible e intenté transmitir a mis pequeños la energía positiva que necesitaban; sabía que lo estaban intentando con todas sus fuerzas.

Me hice la siguiente beta y tras cuatro horas de espera muy malas obtuve el nuevo resultado: 4,95. Se había producido un aborto bioquímico, es decir, tuvo lugar la implantación del embrión pero se interrumpió su desarrollo unos pocos días después.

Esta vez tampoco pudo ser. Mis pequeños lo habían intentado, pero no lo consiguieron. Un nuevo fracaso.

Capítulo 13

Una última oportunidad.
Tercera fecundación *in vitro*

Después de esa noticia volvieron la decepción, la frustración y el miedo a no conseguirlo. En esas fechas llegó la carta de la Administración informándonos de que habían aceptado la solicitud para la adopción y de que el siguiente paso era el curso obligatorio, que empezaba el 20 de marzo. Esto me desanimó un poco más; quizá ésa ya era la única opción que tenía para ser mamá.

Dos días después tenía cita en la clínica. Fueron jornadas muy tristes. Ese fin de semana, después de la visita a la clínica, vendrían amigos de fuera a quedarse en casa porque eran fiestas en Teruel, pero no me apetecía en absoluto; de lo único que tenía ganas era de encerrarme a solas hasta el lunes. No tenía demasiado ánimo para fiestas.

***

En la ecografía se veía todo bien. El doctor me explicó que sólo habíamos realizado una transfer y que habíamos tenido muy mala suerte, así que lo intentaríamos una vez más, pero ya sería la última porque mi endometriosis se estaba poniendo rebelde, y con las estimulaciones más aún. A pesar de haber extirpado los quistes y limpiado las adherencias en la última intervención, tenía otro quiste, de momento controlado, pero con un tamaño al borde de la cirugía. Así que si esa vez no funcionaba tendríamos que pensar en otras opciones.

Por mi parte, iba concienciándome más sobre la ovodonación. Veía que esta opción cada vez estaba más cerca.

Creía que a causa del aborto bioquímico tendríamos que esperar un tiempo antes de poder realizar el siguiente intento, pero no fue así;

mi médico me dijo que en un par de días o tres tendría la regla, y que en esa misma podíamos empezar con la tercera FIV. La medicación pautada sería la misma que en la anterior.

El hecho de poder empezar tan pronto hizo que volviera a animarme. Mis suegros, alguna compañera y alguno de mis tíos opinaban que tenía que descansar y espaciar más mis tratamientos, pero yo prefería comenzar ya; lo necesitaba, y además el tiempo jugaba en mi contra.

Hablando con mis compañeras foreras observé que algunas chicas necesitaban un tiempo de descanso y desconexión, mientras que para otras los tiempos de espera eran lo peor, como en mi caso. Con cada tratamiento sentía que estaba haciendo algo por alcanzar mi objetivo. Además, ya habíamos descartado totalmente la posibilidad de conseguirlo de forma natural, así que en los tiempos de espera sentía que no avanzaba y se me hacían muy largos. A todo ello se unía que el tiempo jugaba en mi contra puesto que la calidad de mis óvulos sería cada vez peor.

Un nuevo tratamiento. Por una parte me daba mucha pereza volver a empezar todo de nuevo: pinchazos, quirófano… Pero por otra implicaba una nueva oportunidad, aunque fuera la última.

Eso era lo que realmente me daba miedo. Tenía fuerza para afrontar un tratamiento detrás de otro hasta lograr mi sueño, pero de momento no estaba preparada para finalizar esa etapa sin haberlo conseguido y decidir que ya no continuaba, que la infertilidad había ganado la guerra. Si al final esa fuese mi realidad, ya vería cómo afrontarlo. Pero todavía no había llegado ese momento.

En ese sentido, mi marido y yo siempre estuvimos de acuerdo en seguir adelante hasta que el médico, por cuestiones de salud, aconsejase dejar los tratamientos. Pero ese momento se estaba acercando, y la tercera FIV sería la última. No obstante, decidí una vez más no pensar en negativo antes de empezar.

***

Durante la vuelta a Teruel intenté reunir todo el ánimo que pude (renovado con la incipiente FIV) para pasar un agradable fin de semana con mis amigos. Al final conseguí desconectar bastante y terminé disfrutando de la fiesta, aunque en un plan muy tranquilo.

El domingo me vino la regla y empecé la nueva ronda de pinchazos. Me había convertido en una experta en mezclar las medicaciones y, por supuesto, en pinchármelas. Seguía sin tener efectos secundarios por la medicación, y bueno, iban pasando los días de la misma forma que en los tratamientos anteriores, hasta que llegó el primer control ecográfico, al que fui bastante animada. La FIV anterior la habíamos empezado muy bien, así que esperaba que el principio fuera similar esta vez. Además, albergaba la esperanza de que en la punción no hubiera tantos folículos vacíos, y así poder obtener más óvulos y embriones que en el tratamiento anterior. Pero de nuevo las ilusiones se rompieron: se veían sólo cinco folículos, por lo que empezábamos mal la FIV. Además, el quiste que ya tenía había aumentado de tamaño.

Sabía que sólo era la primera ecografía pero, a pesar de la ilusión con la que había iniciado el tratamiento, en ese momento perdí todas las esperanzas. Además, la necesidad de una nueva cirugía para extirpar el quiste estaba cada vez más cerca, y sería ya la tercera operación[4].

Regresé a casa agotada y con una actitud derrotista, que decidí cambiar enseguida, en gran parte gracias a los comentarios de apoyo de mis compañeras. El tratamiento acababa de empezar, todavía era muy pronto para tirar la toalla.

Dos días después tenía que pincharme la medicación que duele, y al día siguiente habría un nuevo control. En él se vieron cuatro folículos; el restante había dejado de crecer. Tocaba, por tanto, seguir con la misma pauta de medicación, y dos días después realizar un nuevo control. En éste se vieron tres folículos. Cinco, cuatro, tres... esto ya lo había vivido antes. Además, uno de ellos estaba ya muy grande, por lo que si esperábamos más días para ver si crecían los demás corríamos el riesgo de perderlo, así que había que programar ya la punción.

---

[4] Al final de la tercera operación tuvo lugar en mayo de 2016. A pesar de haber logrado ya tener a mis niños, mi endometriosis no estaba estabilizada después de todos los tratamientos. Desde entonces sigo con anticonceptivos, esperando que la cuarta sea dentro de muchos años.

Esa noche me tuve que pinchar la medicación para provocar la ovulación, al día siguiente el antibiótico y al tercer día me hicieron la punción; a partir de entonces, anticonceptivos durante dos semanas. Después un nuevo control. Todo igual que las veces anteriores.

Volví a casa bastante indiferente. Me pinchaba la medicación como algo rutinario, como si me doliese la cabeza y tomase un analgésico. Realmente ésa es la actitud que mantuve durante todo el último tratamiento; pura rutina: seguí todas las pautas porque había que hacerlo, pero ya sin ilusión.

Empezaba a estar bastante cansada de los malos resultados.

Cuando tomé el antibiótico fuerte, de nuevo con una cena abundante, me sentó otra vez bastante mal. Pedí el día siguiente libre y me fui a Valencia en ayunas para la punción.

Todo se repetía como en un bucle: llegar a la clínica, subir a la habitación, ponerse el camisón, la pulsera y la vía…

La enfermera que me tocó ese día era muy agradable. Además, me puso la vía de una forma muy suave, casi ni me enteré.

—¿Es la primera vez? —me preguntó.

—No —le contesté enseguida—, es la tercera.

—Entonces ya sabes cómo funciona todo.

Asentí, resignada. Volví a ver a mi amigo el celador, y por supuesto me reconoció. Los dos nos empezamos a reír. Comentó que a ver si ya era la última vez que me veía por allí. Yo pensé que sí que sería la última, porque aunque el tratamiento no tuviera éxito mi endometriosis no permitía una nueva estimulación ovárica.

El doctor, que era el mismo de la primera vez, se acercó a hablar conmigo en el quirófano. «A ver si me da suerte y volvemos a obtener más óvulos de los que esperamos», pensé.

Cuando fueron a informarme a la habitación de cómo había ido la extracción me dijeron que habían obtenido dos óvulos. De ocho la primera vez pasamos a cuatro la segunda, y ésa última dos. Menos mal que no iba a hacerlo más veces.

Me sentía muy decepcionada, aunque ese sentimiento ya venía de antes; sabía que como mucho habría dos o tres óvulos. Mi esperanza residía en que pudieran fecundar los dos y que estuvieran ahí mis dos campeones. Era mi última oportunidad.

De vuelta en Teruel, pasé el resto del día adormecida por la sedación. Al día siguiente recibí la llamada del laboratorio: había fecundado un solo embrioncito. De nuevo sentí mucha decepción. Desde que había iniciado los tratamientos, la buena suerte no había estado de mi lado en ningún momento. Me comentaron que llamarían en dos días para informar de cómo evolucionaba, y si se podía vitrificar.

Me esperaban nuevamente jornadas eternas de nervios. Pero al final no hizo falta esperar tanto: al día siguiente me volvieron a llamar para informarme de que el embrión había parado su desarrollo.

***

Otro tratamiento que no llegaba a término, otro jarro de agua fría y otra vez mis sueños rotos.

Además, esta vez era diferente, no implicaba una nueva caída nada más, sino olvidarme definitivamente de mis óvulos y afrontar definitivamente que mi realidad era la ovodonación.

Capítulo 14

Ovodonación

Pasaron días complicados, de asumir muchas cosas, pero ya había llorado todo lo que tenía que llorar; lamentarme no iba a servir de nada. Era el momento de buscar soluciones, y si la mía podía ser la ovodonación… ¡¡pues adelante!!

Mi marido y yo lo habíamos hablado, y aunque la adopción era un plan alternativo al que esperábamos no tener que recurrir, estábamos más que dispuestos a hacerlo si al final no conseguíamos un embarazo. Y, por supuesto, nuestro hijo sería el niño más querido del mundo.

«Entonces, si estamos dispuestos a todo, ¿qué inconveniente presenta la ovodonación? ¿Qué importancia tiene que mi hijo no se parezca a mí?[5] Yo lo voy a llevar en mi interior, lo voy a alimentar, lo voy a sentir moverse dentro de mí. Y después lo voy a criar y a educar, y sobre todo lo voy a querer. ¿Qué más da entonces esa célula inicial que necesito para cumplir mi sueño? Es una forma igual de válida para llegar a la tan ansiada maternidad».

Esos días leí de mis compañeras de Twitter una preciosa frase que llevaré siempre conmigo: «No tendrá tus ojos, pero tendrá tu mirada, y no tendrá tu boca, pero tendrá tu sonrisa». Sin darme cuenta había pasado lo que llaman "duelo genético".

---

[5] Cuando yo estaba en el proceso de superar el duelo genético, no contaba con esta información, pero creo que es muy valiosa, puesto que la ciencia está a nuestro favor. Existe la epigenética, que se define en el glosario, y de la que hay múltiples estudios e información disponible.

Seguí tomando los anticonceptivos pautados. Un día antes de la cita en la clínica empezaba el curso para la adopción. Eran cuatro jornadas de cuatro horas cada una. Mi marido y yo decidimos seguir adelante. Nos juntamos con varios matrimonios; nosotros éramos los más jóvenes. El curso lo impartían dos pedagogas muy simpáticas, pero que estaban allí para relatar la cara más dura de la adopción. Tienen que asegurarse de que las parejas que decidan continuar lo hagan con toda la información posible acerca del gran paso que supone.

Salimos un poco abrumados, la verdad, pero asimilando poco a poco todo lo que nos habían dicho, y decididos a llegar hasta el final si fuese necesario.

***

El 21 de marzo, ya en la clínica, mi médico me preguntó cómo me encontraba, y le respondí que estaba bien. Tras varios días especialmente duros estaba decidida a seguir luchando y a buscar soluciones al problema, no a continuar llorando por él.

La solución que me propuso fue la donación de ovocitos, tal como me esperaba:

—Necesito trabajar con buenos óvulos para obtener buenos embriones, así que os propongo que lo penséis y volváis cuando estéis decididos —nos dijo.

—Ya lo tenemos pensado. Así que podemos seguir adelante cuando lo estime oportuno —repliqué.

Tras mucho tiempo rechazando radicalmente esa opción, poco a poco había conseguido aceptarla.

Después de esa conversación, y tras comprobar que todo estaba correcto, decidimos que con la siguiente regla comenzaríamos el tratamiento de ovodonación.

Me entregaron un formulario para cumplimentar con mis rasgos físicos y mi grupo sanguíneo; de esa forma podrían buscar a una donante lo más compatible y parecida a mí. Lo que se conoce como fenotipo.

Volví a salir de la clínica con la esperanza e ilusión que implica un nuevo tratamiento. Era más caro que los anteriores, pero pasaríamos directamente a la transferencia, sin tener que realizar la estimulación ovárica. Esto suponía evitar los pinchazos y el quirófano. Sería mi donante la que tendría que pasar por toda esa parte del tratamiento.

Dos días después de la visita me vino la regla, de modo que empecé con los mismos parches que había utilizado ya anteriormente; dos cada dos días, y nueve después tenía que ir a una revisión ecográfica.

En la ecografía se veía todo bien, así que empezaron a buscarme donante. Tenía que seguir con los parches hasta que me llamaran para indicarme los siguientes pasos. A una de las compañeras de internet que también se había hecho un tratamiento en la misma clínica habían tardado sólo dos días en llamarla para decirle que ya tenía donante asignada, así que deseaba que mi caso fuera igual de rápido.

Sin embargo, pasó un día, dos, una semana... Hasta que a los once días decidí llamar yo para ver cómo iba el proceso. En la clínica me dijeron que había acertado al llamar, porque todavía no tenían donante, pero era conveniente realizar otra ecografía, así que me citaron para el día siguiente por la tarde.

Pero a la mañana siguiente me llamaron para decirme que ya tenía donante asignada y que dos días después estaba programada su punción y mi marido tendría que llevar su muestra.

¡Así que ya estaba en marcha! En la ecografía de la tarde todo estaba en orden, así que me fui contenta a Teruel. Hay mujeres a las que esta medicación les afecta bastante, pero tengo la suerte de que a mí no. Y parecía que el proceso seguía adelante.

***

El viernes mi marido fue a Valencia a entregar la muestra, y quedaron con él en que el sábado nos informarían de cuántos óvulos habían obtenido de mi donante y cuántos de ellos habían fecundado. Ese día volvía a estar un poco nerviosa. ¡Deseaba tanto que funcionara!

Al día siguiente recibí la llamada del laboratorio: teníamos quince embriones. ¡Quince! Le hice repetir la cifra a la embrióloga tres o cuatro veces, porque no me lo podía creer. Qué diferencia con las anteriores llamadas. Tenía que empezar a ponerme progesterona, y llamarían más adelante para concretar el día de la transfer.

Tras darle la buena noticia a mi marido, me quedó ese día un sabor agridulce. La donación es anónima, por lo que los únicos datos que conocía de la donante eran que tenía mi mismo grupo sanguíneo y 29 años; casi la misma edad que yo. Por una parte me sentía muy contenta porque esa parte del tratamiento había tenido muy buen resultado; pero por otra estaba un poco decepcionada al pensar que yo no había sido capaz de lograrlo con mis propios óvulos a mi edad.

El domingo me comunicaron que había catorce embriones evolutivos, y que cuatro de ellos eran de mejor calidad. Yo tenía que seguir con la medicación, y la transfer sería el miércoles o el jueves; me volverían a llamar para concretarlo.

El miércoles por la mañana me confirmaron que tenían dos embriones de cinco días para transferirme esa tarde. Había pedido el día libre en el trabajo, así que nos fuimos a Valencia, y yo volvía a estar muy emocionada. En esa ocasión, la transferencia no la realizaría mi doctor habitual, sino su compañero.

Llegamos a la clínica, y una vez más repetimos el proceso: mostrador, subida a la habitación, camisón y zapatillas, espera del celador... Esta vez fueron también con bastante retraso, así que volví a pasarlo mal por llevar la vejiga llena.

Después de una hora de retraso, que a mí me parecieron tres o cuatro, nos llevaron a mi marido y a mí a quirófano. El ginecólogo nos esperaba con una sonrisa en la boca, y tras enseñarnos la foto de los embrioncitos y subir yo al potro, comenzó el proceso. Me iba explicando paso por paso lo que hacía, y yo pude ver en una pantalla el momento exacto en el que dejó los embriones en mi útero.

A partir de ese momento los sentí como míos, y no me importó en absoluto esa célula inicial que me habían tenido que donar; desde entonces sería sólo mi cuerpo el que se encargase de darles alimento y cuidarlos. Eran mis bebés.

Luego de darnos unas pautas a seguir en los días de espera, el doctor se despidió de nosotros deseándonos mucha suerte. Yo tenía que hacer la beta el 5 de mayo, doce días después.

***

Decidí coger vacaciones en el trabajo para estar más tranquila los primeros días. De todos modos, éstos fueron pasando muy lentamente y con muchos nervios, a la vez que con una enorme esperanza. Yo no hacía demasiado caso a los síntomas, porque tanto si se ha producido el embarazo como si no, pueden llegar a ser muy parecidos y engañosos.

Nueve días después de mi transferencia nacieron los hijos de dos compañeros de trabajo y me enteré de un nuevo embarazo. Otra vez viví una mezcla de sentimientos: por una parte me alegraba muchísimo por ellos, pero por otra tenía miedo de no llegar nunca a vivir esos momentos.

Así que, diez días después de la transferencia, decidí hacerme un test de embarazo. No es aconsejable, pero no podía esperar más. Además era consciente de que el resultado no era concluyente, puesto que aunque fuera negativo no había nada perdido, y si era positivo, podría volver a tratarse de un embarazo bioquímico. Aún así, como disponía de muchos test de alta sensibilidad comprados por internet, muy baratos, decidí hacerlo. Creo que todas las infértiles adictas a los test los conocemos.

El viernes pasó de forma especialmente lenta. Me acosté y al día siguiente al despertarme fui enseguida al baño a hacer el test. Después de un minuto no creía lo que contemplaban mis ojos. ¡Apareció una segunda rayita rosa! Realmente existe, y por fin la veía. Sentí una emoción indescriptible: se lo enseñé a mi marido y nos abrazamos muy emocionados. «¡No sé si terminará bien o no, pero es lo más lejos que he llegado nunca!», pensé, eufórica.

Hice un nuevo test el domingo y en él la rayita se marcó un poco más; y el lunes, el día de la beta, otro poco más. En el momento de pincharme para la beta, y aunque todos los test hubieran salido positivos, no pude evitar ponerme muy nerviosa. Quedamos en que me enviarían el resultado por correo electrónico dos horas después.

En el trabajo, las compañeras del despacho de al lado sabían que era el gran día, y cuando al llegar a la oficina me preguntaron qué tal, les conté que tenía un test de embarazo positivo, pero que hasta que no llamaran del laboratorio no sabría con certeza el resultado.

He de reconocer que esa mañana no estaba muy concentrada. Sólo miraba el reloj, y los minutos no avanzaban. Pasó una hora, dos, tres… y no llamaban.

Cuando ya habían transcurrido cuatro horas mis compañeras me animaron a que llamase yo para preguntar si ya estaban disponibles los resultados, y así lo hice. Y justo diez minutos después recibí el ansiado correo electrónico; lo abrí con mucho miedo. El valor de mi beta era de 1241. «No me lo puedo creer; es un valor muy bueno. ¡Estoy embarazada!».

Capítulo 15

El embarazo

Sin todavía creérmelo demasiado, salí a la calle con el móvil y llamé a la clínica para informar del valor. Al hablar con la enfermera me dio la enhorabuena, pero yo seguía sin dar crédito. Me citaron una semana después para hacer una nueva beta y una ecografía.

Después de llamar a mi marido y a mi madre para darles la buena noticia, entré muy emocionada a la oficina, y todas mis compañeras se alegraron mucho por mí y me felicitaron. Yo continuaba incrédula.

En cuanto volví a mi despacho informé a todas mis amigas virtuales. Se alegraron muchísimo por mí, al igual que yo me había alegrado antes cada vez que una de ellas conseguía su sueño. Es parte de la grandeza de estas mujeres: aunque ellas estén sufriendo un mal momento, son capaces de alegrarse por las demás compañeras cuando lo que comparten son buenas noticias.

Terminó lo poco que quedaba de la mañana y volví a casa muy feliz. Poco antes de regresar al trabajo por la tarde llamó el doctor para darme él también la enhorabuena, y yo agradecí mucho su gesto. Me dijo que nos veríamos en una semana, y que por el valor de la beta igual eran dos. Le respondí que si era así sería una gran alegría.

***

Si los días desde la transferencia hasta la beta habían pasado lentamente, esa semana que quedaba hasta la ecografía (lo que llamamos "ecoespera") lo fue mucho más. ¿Estaría todo bien? Desde que empecé la búsqueda de bebé todo había salido mal. «Alguna vez tiene que ser la buena y la suerte estar de mi lado», me decía, pero en ese momento no podía evitar sentir mucho miedo. Esa semana además tuve muchos dolores de estómago, en vez de náuseas, lo que me desconcertaba bastante.

Pero por fin llegó el lunes siguiente y, tras pedir la tarde libre, nos fuimos a Valencia. El análisis era a las cuatro de la tarde, y la consulta a las siete; así estarían disponibles los resultados de la nueva beta.

Tuvimos que esperar un rato a que me llamaran. Pero qué diferencia de sentimientos esa vez respecto a aquéllas en las que los análisis eran para controlar las hormonas en las estimulaciones ováricas. Cuando llegó mi turno me pincharon y nos dispusimos a dar una vuelta hasta la hora de la consulta.

Transcurridas las tres horas, en la consulta me esperaban el doctor y la enfermera. Me volvieron a dar la enhorabuena con mucho cariño, y mientras estaba desvistiéndome para la ecografía oí a mi marido preguntar por el resultado de la nueva beta. No le informaron de ningún valor, sólo le dijeron que seguramente serían dos.

Una vez preparada y en el potro, se acercaron mi marido y el doctor y empezó la ecografía. Enseguida vio dos saquitos con sus dos vesículas vitelinas, y me explicó que eso era bueno porque implicaba que seguramente habría embrión.

No puedo describir con palabras lo que sentí en ese momento. Mi marido y yo nos apretamos fuertemente la mano y rompí a llorar como una niña pequeña, pero esta vez de felicidad. Fue muy emocionante.

Al pasar de nuevo a la consulta vi que habían entrado el otro doctor y la otra enfermera, y que se alegraban de verme tan feliz. Yo seguía llorando y no podía casi articular palabra. Quedamos en que el lunes siguiente haríamos otra ecografía para escuchar los latidos.

Olvidé totalmente el dolor de estómago y salí de allí muy feliz. No me creía lo que estaba ocurriendo: «Por fin estoy embarazada. Y voy a tener mellizos». Era 12 de mayo, un gran día que nunca olvidaré.

Los tres días siguientes los pasé con mucho dolor de estómago, pero a pesar de ello me sentía plena de alegría.

El jueves por la noche, mientras veíamos una película, le dije a mi marido que la parara un momento, que necesitaba ir al baño. Al llegar empecé a manchar mucho, rojo y muy abundante, como una regla. Y también expulsé un coágulo de sangre. Me quedé bloqueada. No pude evitar ponerme en lo peor, pensar que había perdido a mis pequeños y que mi sueño había durado muy poco.

Avisé a mi compañero de que al día siguiente iría al hospital y no acudiría a trabajar, y me fui a la cama sin saber muy bien qué hacer. No podía parar de llorar, pero al final terminé por dormirme. A mitad de la noche volví a ir al baño y seguía manchando. Fue uno de los momentos más angustiosos de mi vida.

A primera hora de la mañana llamé a la clínica y me dijeron que fuera a urgencias y les llamara con el resultado de la visita.

***

En el hospital me visitó una ginecóloga, y al hacerme la ecografía me dijo que sólo veía un embrión con latido. En ese momento no sabía muy bien qué sentir: por un lado, angustia, porque había perdido a uno de mis pequeños; pero por otro un poco de alivio, puesto que pensaba que había perdido a los dos.

Tras ese aluvión de sentimientos en medio minuto escaso, la ginecóloga vio finalmente al otro embrión: ¡ambos estaban vivos! Sólo en ese momento pude volver a respirar con normalidad. Me dijo que tenía un hematoma bastante grande encima de los embriones, y que si se desprendía los arrastraría. Tendría que hacer reposo absoluto por amenaza de aborto.

—¿Puedo levantarme para ir al baño? –le pregunté.

—Sí, pero sólo de la cama al baño. Te desaconsejo totalmente hasta levantarte al sofá –me respondió.

Volví a casa aliviada porque mis dos pequeños estuvieran bien y siguieran conmigo. Pero a la vez muy preocupada por si algo salía mal, ya que no estaba precisamente acostumbrada a que las cosas fueran bien.

Llamé a la clínica e informé del resultado de la ecografía y de la causa del sangrado. Cancelamos la visita a Valencia y quedé con la enfermera que me atendía en que cuando me hicieran una nueva ecografía en Teruel volvería a llamar para informarles.

También llamé al trabajo y le comuniqué a mi jefe la situación.

Tuve que abandonar todo de un día para otro, sin previo aviso, y aunque era algo que no dependía de mí, no pude evitar sentirme culpable por haber dejado así las cosas.

Después de una semana de reposo riguroso y muchas molestias en el estómago me hice una nueva ecografía para ver cómo estaban mis pequeños. No conseguía permanecer tranquila a pesar de estar cumpliendo estrictamente las instrucciones recibidas. Los embriones estaban bien, sus corazones seguían latiendo con fuerza, y el hematoma también continuaba allí, pero parecía un poquito más pequeño. Llamé a la clínica para contarles este resultado.

La siguiente semana transcurrió de igual modo: reposo absoluto en la cama y dolor de estómago. Aunque no me quejaba; podía soportar todas las molestias que hicieran falta, pero necesitaba que aquello saliera bien.

En la nueva ecografía se apreciaban dos embriones de ocho semanas, en buen estado, y que el hematoma era otro poquito más pequeño. La ginecóloga me dijo que ya podía ir algún ratito al sofá, y después de dos semanas sin moverme de la cama este hecho me pareció un pequeño lujo. Volví a llamar a la clínica para informar de mis progresos.

A través del móvil iba relatando también la situación a mis amigas virtuales y, como siempre, lo único que recibía eran palabras de ánimo que me proporcionaban mucha fuerza.

Poco después, tras preguntar en la clínica y a mi ginecóloga de Teruel si el viaje a Valencia podía ser perjudicial y recibir una respuesta negativa de todos, realicé la visita que había pospuesto por el manchado. Ya estaba embarazada de diez semanas; poco a poco iba pasando el tiempo y cada día transcurrido era una batalla ganada.

Mi médico corroboró la existencia del hematoma y la necesidad del reposo. Los ecógrafos de la clínica eran de mejor calidad, así que aquella ecografía la disfruté muchísimo. El doctor me iba contando lo que veía, y me enseñó a uno de mis niños dando patadas. Fue una imagen maravillosa y un momento indescriptible; era mi pequeño, y estaba dentro de mí, lleno de vida. El doctor comentó que aunque era pronto para saberlo, parecía un niño. El otro era más tímido y no se dejaba ver tanto, pero me emocionó igualmente lo que vi.

Tras quedar con mi ginecólogo en que pediría cita quince días después para ver cómo seguían los pequeños, volvimos a Teruel.

Me fui muy contenta; la ecografía me había encantado, había visto a mis niños moverse mucho. Fue un momento maravilloso, imposible de describir con palabras.

Posteriormente seguí con molestias en el estómago, a las que se unieron las náuseas, aunque con medicación se aliviaron en parte. También alguna mañana sentí cierto mareo, pero todos ellos eran síntomas que estaba encantada de experimentar con tal de que el embarazo siguiera su curso y saliera todo bien.

***

Fueron pasando los días muy lentamente. El reposo se hacía muy pesado, y más pensando que había dejado el trabajo de un día para otro, sin tiempo para preparar a la persona que me tenía que sustituir.

Pasados los quince días volvimos a Valencia, el doctor observó que el hematoma había disminuido mucho, y me dio permiso para hacer vida normal. Era una buena noticia, pero tenía mucho miedo de que se torcieran las cosas. Su recomendación fue que regresara a la clínica para la ecografía de las 20 semanas.

En la de las doce semanas, que hice en Teruel, me confirmaron que todo iba bien. En esa ocasión no me atendió mi ginecóloga habitual, y al comentarle lo del hematoma confirmó que podía hacer vida normal. Posteriormente, en consulta con mi ginecóloga acordamos que durante quince días probaría a moverme un poco más, y si todo iba bien me daría el alta durante unos meses. Después, en la recta final del embarazo, tendría que coger de nuevo la baja.

Salí de esa consulta muy contenta; por un lado, se hacía muy pesado ver pasar un día detrás de otro sin hacer otra cosa que ir de la cama al sofá y del sofá a la cama; y por otro lado, iba a poder solucionar algún tema de trabajo pendiente.

Los dos días siguientes di algún paseo corto y lo disfruté mucho, pero después comencé a manchar de nuevo, y el sentimiento de angustia volvió: «¿Irá todo bien?». Me daba miedo que hubiera pasado algo malo, y me sentía culpable a pesar de que los doctores me hubiesen permitido hacer vida normal.

Así que volví a pasar unos días de reposo absoluto, levantándome sólo para ir al baño, y cuando empecé a irme algún rato al sofá lo hice con miedo. Con las ganas que tenía de conseguir el embarazo, lo que me había costado, y lo poco que ahora podía disfrutarlo.

Volvió a visitarme la ginecóloga, y finalmente me aconsejó hacer reposo todo el embarazo, asegurando que era la mejor opción, la más segura.

De nuevo la perspectiva de estar todo el embarazo en casa, con la única excepción de acudir a las consultas médicas, me agobió mucho. La idea de volver a trabajar y de llevar una vida normal había desaparecido. Por fortuna, en mi trabajo fueron muy comprensivos, entendieron la situación y me dijeron que no me preocupara por ellos, sino por mí. Fue un alivio muy grande encontrar tantas facilidades en este aspecto.

Así, fueron pasando los días, y yo me iba resignando a mi nueva vida, porque por el bienestar de mis pequeños estaba dispuesta a hacer todo lo que me recomendaran los médicos. La parte positiva era que podía dormir todo lo que necesitara para combatir el sueño que tenía a causa del embarazo.

***

En la ecografía de las 20 semanas que me hicieron en Teruel de nuevo salió todo bien. Era una buenísima noticia; todavía no me creía la situación que estaba viviendo, y que pudiera tener un final feliz. Además, por fin mis pequeños se dejaron ver bien, y se confirmó que eran dos niños. Ya tenía incluso los nombres pensados: uno se llamaría como mi padre, Antonio, y el otro como mi marido, Javier.

Tres días después tenía cita para esa misma ecografía de las 20 semanas en la clínica de Valencia, tal y como me recomendó mi doctor. Era por la mañana, y fue muy diferente a la de Teruel: duró casi una hora, y en todo momento tenía un monitor delante en el que podía ver las imágenes mientras me las explicaba el ginecólogo. Todo estaba dentro de lo normal, como tres días antes ya me habían indicado, de manera que la disfruté mucho, sin la angustia ni la incertidumbre de que algo no fuera bien. Fue muy emocionante ver a mis pequeños, y al final me entregaron un DVD con las imágenes.

Por último, me aconsejaron volver para una nueva ecografía dos meses después, cuando estuviera de 29 semanas. Como aquélla la había disfrutado tanto y en la Seguridad Social ya no me daban ninguna ecografía especializada más, no dudé en coger cita.

Esa tarde fui a ver a mi ginecólogo. Ya se me notaba bastante la barriguita, y se alegró mucho de que todo fuera bien. Pensé en tiempo atrás, cuando observaba a las chicas veteranas saludar con dos besos y de forma muy cercana a los doctores y enfermeras, y me di cuenta de que después de todo este tiempo había pasado a ser una de ellas.

A pesar de que de momento el embarazo avanzaba correctamente, no podía evitar estar temerosa por si se truncaba. Cualquier síntoma nuevo me asustaba, y escribir en el foro y hablar con las chicas de Twitter era un arma de doble filo: se comparten muchas alegrías con ellas, pero también las apoyas no sólo con los tratamientos fallidos, sino con los embarazos que no terminan bien, que los hay.

Al principio tenía miedo a un aborto, sobre todo debido a los manchados. Conozco los casos de muchas compañeras cuyos embarazos no han llegado a la semana doce, y al igual que había celebrado sus positivos como si hubiesen sido el mío, también sentí sus pérdidas como si las hubiera sufrido yo misma.

Pero conforme pasaba el tiempo comencé a temer a un parto prematuro. Conocía también un par de casos de embarazos múltiples en los que los bebés habían nacido antes de la semana 22 y no habían sido viables; y el de otra compañera que tuvo a sus pequeños con 26 semanas de gestación y uno de los bebés salió adelante, pero el otro no. Embarazada ya de 20 semanas no podía ni imaginar el dolor que supondría perder a mis príncipes en ese momento.

Pero, aunque pueda parecer que la solución era dejar las redes sociales, no me parecía justo abandonar a mis compañeras cuando yo ya había logrado mi embarazo. Tampoco concebía estar sin hablar con ellas, ni dejar de compartir mis experiencias, y ellas conmigo las suyas.

Además, esos días también hablé con chicas que habían tenido a sus mellizos sin contratiempos, pero como disponía de tanto tiempo para pensar, me dedicaba a buscar por internet información sobre la viabilidad de los partos prematuros.

Todavía no sentía a mis bebés, y sabía que eso me tranquilizaría, así que deseaba fervientemente empezar a notar sus movimientos y patadas.

Pasaron la semana 21, la 22, la 23, y por fin parecía que comenzaba a percibir a mis niños. Ya estaba en el umbral de la viabilidad, y contaba los días que faltaban para llegar a la semana 26.

A partir de entonces comencé a estar más tranquila, y al sentir a mis pequeños pude empezar a relajarme un poco. Tras consultarlo en una revisión con la ginecóloga, en la semana 24 comencé las clases de preparación al parto. Me gustaban mucho, ya que suponía una salida semanal de casa y era agradable hacer algo diferente al menos una vez a la semana.

Y día a día llegamos a la semana 28. Mis niños ya tenían un peso y desarrollo tales que contarían con muchas posibilidades de sobrevivir si nacieran antes de tiempo, y eso me tranquilizaba mucho.

Las molestias en el estómago y los mareos matutinos cesaron, dando lugar a otras sensaciones: por ejemplo, notaba como si mis pequeños estuviesen jugando al fútbol o boxeando entre ellos. Hasta en las ecografías coincidían todos los médicos en que esperaban que al nacer se tranquilizaran, porque de momento eran muy movidos.

Fue en ese momento cuando empecé a disfrutar un poco del embarazo. Las molestias eran muy soportables, y ya había conseguido relajarme. Empecé a creerme que podía salir bien, y contaba los días que faltaban para cumplir la semana 38 de embarazo, en la que si no habían nacido me provocarían el parto.

CAPÍTULO 16

Otra sorpresa

El 27 de octubre ya había cumplido las 29 semanas y tres días, y tenía cita para la siguiente ecografía en la clínica. Me encontraba muy bien, física y mentalmente. Me acompañaban mi marido y mi madre, y nos disponíamos a pasar un agradable día en Valencia después de la ecografía. Además, iba a ver a mis pequeños, y estaba muy emocionada; por la tarde pasaríamos a saludar al doctor, y antes de volver a Teruel nos sentaríamos a tomar un helado en una terraza.

Llegamos a la clínica, y la visita la realizó una doctora nueva, muy agradable. Empezó la ecografía y enseguida comentó algo que yo no esperaba escuchar:

—Tienes el cuello del útero muy corto, te puedes poner de parto en cualquier momento —me espetó.

Por lo demás, mientras me hacía la ecografía iba explicando lo que observaba, y todo estaba correcto; mis niños se encontraban perfectamente. Pero yo no podía dejar de pensar, preocupada por sus palabras. Cuando volvimos a comentar el tema del cuello del útero no logré evitar echarme a llorar; estaba muy asustada, me daba terror que algo saliera mal a esas alturas. Una cosa es leer que si tus niños nacen ya serían viables, y otra muy diferente que se convierta en una realidad.

La doctora se portó muy bien conmigo, me consoló y me dijo que no me preocupara, que todo iba a salir bien.

Después de eso tenía miedo del viaje de vuelta a Teruel, así que nos fuimos a urgencias. En cuanto me atendieron observaron que tenía muchísimas contracciones, aunque yo no las sentía. Me administraron medicación en un gotero para frenarlas, y también una inyección para facilitar la maduración pulmonar de los bebés. Tras unas horas en urgencias, me ingresaron.

Al día siguiente me tocaba la segunda dosis de la medicación para la maduración pulmonar, y continuaron controlando las contracciones. Parecía todo en orden.

Un día después, tras el control diario de las contracciones, me bajaron de nuevo a la sala de dilatación, porque volvía a tener demasiadas. Se consiguió frenar de nuevo el proceso con medicación, volví a subir a la habitación, y el médico me advirtió de que seguramente estaría subiendo y bajando continuamente a esa sala, y que aunque intentarían retrasar el parto lo máximo posible, mis niños casi con toda seguridad serían prematuros. También me dijo que no me preocupara, que el servicio de neonatos de ese hospital era muy bueno.

El caso era que sólo sentía las contracciones cada vez que me ponían la máquina para controlarlas; el resto del tiempo no las notaba, aunque cada vez eran más intensas.

Finalmente, lo que iba a ser un viaje a Valencia para pasar el día se terminó complicando bastante. Desde Teruel, mi hermano nos encontró un piso de alquiler al lado del hospital, porque parecía que íbamos a estar allí un tiempo.

Como me había avisado el médico, dos días más tarde me volvieron a bajar a la sala de dilatación. Esta vez, al conectarme a la máquina de control de las contracciones, las noté más, y me dolieron bastante. Tras valorar la situación, decidieron administrarme sulfato de magnesio, cuyo objetivo es reducir el riesgo de que los bebés desarrollen trastornos neurológicos; si bien su rango de dosis segura es estrecho, por lo que se debe controlar cuidadosamente a las mujeres que lo reciben.

No me preocupé. En ese momento lo más importante eran mis pequeños, y yo estaba en muy buenas manos. Todo indicaba que los bebés querían nacer ya, pero, contra todo pronóstico, las contracciones cesaron de nuevo y volví a la habitación.

Pasaron tres días más y yo seguía teniendo contracciones, pero parecían controladas. El cuello del útero también se había estabilizado, así que decidieron darme el alta. Me citaron una semana después para controlar de nuevo todo y me recomendaron que si volvía a tener contracciones fuese a urgencias.

Llegamos al piso que habíamos alquilado. Comí tranquilamente y me eché un rato en la cama, porque tenía que volver a estar en reposo. Tras la siesta, me tumbé en el sofá y merendé un poco. Dos horas después empecé a tener contracciones de nuevo, cada vez más fuertes y seguidas, así que regresamos a urgencias.

Sentía que esa vez ya no había marcha atrás, cada vez me dolía más. Me dijeron que se había retraído mucho el cuello del útero, y me llevaron de nuevo a la sala de dilatación, mientras el dolor seguía aumentando. La matrona me controlaba y decía que iba dilatando, mientras los médicos intentaban de nuevo frenar el parto; pero la matrona me explicó que lo que tenía dilatado ya no volvería atrás; parecía que mis niños ya no querían esperar más. Además, no estaban bien colocados, así que el parto tendría que ser por cesárea.

Me quitaron la máquina que controlaba las contracciones y a los bebés y, tras pedir permiso, me giré de lado. Por un momento cesaron las contracciones, y esto desconcertó un poco a los médicos, que incluso se plantearon dejar la cesárea para más adelante. Pero en cuanto me volvieron a conectar la máquina y me giré otra vez, las contracciones regresaron, por lo que de nuevo me administraron el sulfato de magnesio.

Después de un par de horas, la matrona me informó de que había dilatado mucho y que ya estábamos en un punto de no retorno. Las contracciones eran cada vez más, y más dolorosas. Llegaron los anestesistas, y tras realizar varias preguntas, tomaron nota de mis respuestas, sobre todo la que hacía referencia a que menos de ocho horas antes había ingerido alimentos.

Los médicos se iban preparando para la cesárea, y la matrona me preparaba a mí. Aunque temía por el estado de mis pequeños, en parte tenía ganas de que todo acabara, y con ello el dolor que estaba sufriendo. Tras despedirme de mi marido, me llevaron a quirófano; era la una de la mañana del 5 de noviembre.

Capítulo 17

Mis pequeños

Mientras íbamos camino del quirófano, yo estaba cada vez más apurada con las contracciones. La anestesista me explicó que me iba a aplicar una anestesia raquídea, al no estar en ayunas; y que en cuanto la administrara dejaría de sentir el dolor de inmediato.

Había pasado muchas veces por quirófano y experimentado distintos tipos de anestesias: local, sedación, general… Pero nunca la raquídea, y tenía un poco de miedo al pinchazo en la espalda, aunque con el dolor de las contracciones estaba deseando que me la pusieran.

Me colocaron en la camilla y poco después me pincharon. No lo noté casi, y de inmediato empecé a sentir alivio porque dejé de notar las contracciones. Después me hicieron tumbarme, y colocaron la pantalla de forma que no pudiera ver la intervención. La anestesista iba hablando conmigo en todo momento, y estaba muy pendiente de mí, explicándome todo lo que hacían los cirujanos.

Puede que fuera un temor infundado, pero al estar despierta tenía miedo a que la anestesia no hiciera efecto correctamente, o a que empezaran la cesárea antes de que lo hiciera y notar la incisión. Sin embargo, al poco tiempo la anestesista me comunicó que ya habían hecho el corte con el bisturí y, como era de esperar, no sentí nada en absoluto. Eso me tranquilizó un tanto, aunque era una sensación extraña tener delante a los cirujanos sin poder ver cómo trabajaban y, aunque no doliera, sentir que estaban manipulando algo dentro de mí.

A los pocos minutos, la anestesista me informó de que estaban a punto de sacar al primer bebé. A continuación, y por si acaso no me lo podían dejar ver después, me incorporaron en el momento de cortarle el cordón umbilical, para que pudiera contemplar a mi pequeño. Fue uno de los grandes momentos que he vivido, de una emoción indescriptible. El único punto negativo es que duró muy pocos segundos. Me dijeron que pesaba un kilo y 550 gramos, y que estaba bien, y en ese momento rompí a llorar, con una mezcla de sentimientos de alegría y alivio.

El segundo bebé estaba situado más arriba, por lo que les costó bastante más esfuerzo sacarlo, pero cuatro minutos después repetimos la operación, y me incorporaron para que pudiera ver cómo le cortaban el cordón. Aunque con bastantes moratones, también estaba bien, y pesaba un kilo y 365 gramos.

Sin dejar que los viera se los llevaron a la UCI de neonatos porque se estaban quedando fríos, pero me confirmaron que estaban bien y que respiraban por sí mismos. Una vez concluida la cesárea, me llevaron a la sala de reanimación, y hora y media después a la habitación.

Habían venido mi hermano, mi cuñada y mis suegros de Teruel, y todos habían podido ver a mis niños. Todos me decían que se encontraban bien, pero estaba deseando verlos yo.

***

Por la mañana por fin la enfermera me dijo que podía ir a visitarlos. Conseguí, a duras penas y con mucho dolor, incorporarme en la cama y levantarme, pero no llegué a la silla de ruedas y tuve que regresar a la cama. Sentía una gran frustración por no ser capaz de ir a ver a mis niños, aunque me hicieron entender que no habían pasado ni doce horas de la cesárea.

Por la tarde lo intenté de nuevo, y esta vez sí que conseguí llegar a la silla de ruedas. Con mucho cuidado y muy lentamente fuimos mi marido y yo a la UCI, y pude volver a contemplar a mis pequeños. Me eché a llorar sin poder evitarlo. Eran minúsculos, y estaban llenos de cables. Sólo deseaba que tuvieran la fuerza y las ganas de vivir necesarias; su mamá los estaba esperando.

Mucha gente me preguntaba entonces qué se sentía al ser mamá, y les respondía que no lo sabía; me habían sacado a mis niños de dentro y estaban en una incubadora, llenos de cables y luchando por vivir; no sabía lo que sentía.

Antonio toleraba la alimentación, y aunque había perdido mucho peso y se había quedado en un kilo y 200 gramos evolucionaba mejor que Javier. Al día siguiente me permitieron poner en práctica el método canguro con él; este método consiste en tenerlo piel con piel. Esa noticia me alegró el día: por fin iba a poder coger en brazos a mi pequeño.

Puedo decir que aquel momento fue el más mágico que había experimentado en toda mi vida. En cuanto lo colocaron sobre mi pecho comencé a llorar de felicidad; estaba con mi niño y sólo me faltaba el otro para tenerlo todo.

Me permitieron tenerlo conmigo durante dos horas, que a mí me parecieron dos minutos. Fue precioso pero, a la vez, al ser la primera vez que lo hacía, tenía miedo: Antonio seguía con los cables conectados, y era tan pequeñito y tan frágil... Además, los primeros días, debido a su inmadurez, de vez en cuando dejaba de respirar, y cuando le bajaba la saturación de oxígeno y pitaban sus máquinas era muy angustioso.

En cuanto a Javier, además de las bajadas de saturación de oxígeno y de no tolerar la alimentación, tenía que llevar un tratamiento de luz a causa de los moratones que tenía por la cesárea.

* * *

Al día siguiente me dieron el alta y me fui al piso alquilado con mi madre, a cinco minutos andando desde el hospital. Ella me acompañaba para que no me quedara sola, ya que mi marido, tras unos pocos días, tenía que volver a Teruel a trabajar. De nuevo agradecí mucho el apoyo de mi madre en esos momentos.

Pasaba los días en el hospital con mis pequeños, intentando enviarles toda la energía positiva que podía; practicaba el método canguro con Antonio a diario, y me conformaba con tocar un poco a Javier a través de la incubadora en los momentos que estaba mejor.

Una semana después, Antonio pudo salir de la UCI y pasar a neonatos; Javier tendría que continuar allí, con momentos en los que le quitaban la ayuda para respirar y otros en los que se la tenían que volver a poner.

En la evolución de los bebés hubo días buenos y otros malos; daban dos pasitos hacia delante y uno hacia atrás. Los pediatras me avisaron de que esto era así, y que era normal, pero cuando empeoraban la preocupación y la angustia volvían inevitablemente.

Poco a poco, Javier empezó a tolerar la alimentación, y sus dificultades respiratorias evolucionaron favorablemente, pero un día apareció un bultito en su cuello cuya causa desconocían, lo cual nos preocupó bastante. Tras un par de días de estudios y pruebas descubrieron que era una infección causada por una bacteria, y después de tratarlo con antibióticos y abrirle el bultito para limpiarlo, por fin pude experimentar el método canguro con él, y volver a sentir la magia y la complicidad que había vivido con Antonio. Después mejoró mucho y por fin pudo salir de la UCI.

Pese a ello, ambos tuvieron que estar un mes más ingresados en la unidad de neonatos: había que esperar hasta que alcanzaran los dos kilos de peso, no necesitaran medicación para respirar y pudieran alimentarse por succión, sin necesidad de sonda. Pero poco a poco fuimos empezando a ver la salida.

Por suerte, podíamos interactuar con los bebés: bañarlos, cambiarles los pañales, cogerlos, tenerlos piel con piel, y al final, cuando empezaron a succionar algo, darles los biberones.

Al principio me sentía muy insegura; se juntaba que era primeriza con que mis niños estaban en una incubadora y eran muy pequeñitos. Incluso cuando empecé a darles biberones a veces tenían dificultades para respirar a causa del esfuerzo.

Casi todas las enfermeras eran muy agradables, y nos ayudaron y enseñaron mucho, pero había un par que nada más entrar por la puerta y verlas me amargaban el día. No tenían en cuenta el estado de ánimo de los padres, que por lo general no es bueno, ya que resulta duro tener a tus hijos tan pequeñitos ingresados. No comprendían el miedo, la angustia y la inexperiencia que sufríamos.

Por otro lado, hice amistad con las otras mamás con las que solía coincidir. Nos juntábamos siempre las mismas en la sala de lactancia, hablábamos y nos desahogábamos, y aún hoy tengo relación con muchas de ellas.

Un mes y medio después de la cesárea, la doctora me comunicó que iba a dar el alta a mis niños; finalmente podía llevármelos a casa.

Llegué a pensar que nunca lo conseguiría, que era algo inalcanzable. No sé expresarlo, pero era algo parecido a cuando deseas que te toque la lotería: compras el boleto con ilusión, año tras año, esperando que alguna vez resulte premiado, pero consciente de que no va a ser así. De una manera parecida me sentía yo.

Pero al final mi sueño se ha hecho realidad. Y aunque no se hubiera materializado siempre hubiese tenido la fuerza moral y el consuelo de saber que lo había intentado con toda mi alma.

Epílogo
a la 1ª edición

Mi lucha ha tocado a su fin, y tras dos largos años de búsqueda, sólo puedo decir que todas y cada una de las lágrimas que he derramado, las intervenciones quirúrgicas, los pinchazos, los cientos de horas sin dormir, la continua falta de esperanza, los test de embarazo negativos, los miles de kilómetros recorridos, los efectos secundarios de la medicación, el mal embarazo… todos y cada uno de esos obstáculos han merecido la pena y no los cambio por nada del mundo. Porque gracias a ellos y sólo a ellos, en estos momentos hay dos personitas en el mundo que de otro modo no estarían. Porque justo estos dos milagros de la naturaleza y de la ciencia que tengo delante de mí son los que estaban destinados a ser mis hijos.

A todas las mujeres que están sufriendo en estos momentos por una situación parecida a la mía les digo, alto y fuerte: ¡Ha merecido la pena! ¡No dejéis de luchar!

Porque yo, por fin, he recuperado la sonrisa y vuelvo a ser feliz.

EPÍLOGO
a la 2ª edición

Desde que finalizó nuestra lucha contra la infertilidad y la redacción de este libro, han seguido ocurriendo sucesos en la vida de mi marido y la mía.

El negativo es la tercera operación por mi endometriosis. Es una enfermedad desconocida, pero que nos afecta a muchas mujeres y de la cual se desconoce su origen. Deberíamos luchar para darle visibilidad, y para que se investigue más sobre ella, puesto que hoy por hoy, sigue siendo una gran desconocida.

Afortunadamente, los positivos son los que ganan. El principal es que seguimos disfrutando día a día de nuestros hijos, a los que adoramos. Todas las complicaciones de los primeros meses de vida han quedado atrás, y ahora son unos niños de casi tres años sanos y felices, objetivo por el que luchamos día a día.

Otro muy importante para nosotros es que hemos donado los embriones que nos quedaban vitrificados a otras parejas. Es una decisión que hemos meditado mucho, juntos, y que nos ha hecho muy felices. El motivo es que deseamos de corazón que haga tan dichosas a otras personas, como mi hadita (como llamamos a las donantes de óvulos) nos hizo a nosotros. Nos gusta pensar que podemos llegar a ayudar a alguien tanto como alguien nos ayudó a nosotros.

En este tiempo tampoco ha cesado mi aprendizaje. Lo que más hondo ha calado en mí ha sido la fortaleza y coraje de mis compañeras y amigas infértiles, que me lleva a admirarlas cada día más. Sobre todo a las que, por una razón u otra, la vida las ha alejado de los tratamientos de fertilidad y de su proyecto de tener hijos. Considero que es la decisión más dura y valerosa que hay, y admiro ese valor y coraje a la hora de reestructurar su vida y replantearla sin hijos para alcanzar la felicidad. A ellas les envío todo mi cariño, y mucha fortaleza para conseguir su nuevo objetivo, la felicidad de una forma diferente.

Por último, quiero agradecer a todo aquel que me acompaña en mi vida, sea de forma física o virtual, y que me ayuda a seguir creciendo y enriqueciéndome como persona día a día. Sobre todo a mis hijos, que sin saberlo, están ayudando con su historia a muchas personas. Espero que cuando sean adultos sean conscientes de lo que han aportado desde mucho antes de nacer.

GLOSARIO

ABORTO BIOQUÍMICO.

También conocido como embarazo bioquímico o microaborto, se produce cuando ha habido implantación del embrión pero no desarrollo embrionario posterior, lo cual lleva a la pérdida del embarazo y, por ende, a que la regla baje de nuevo. Esto puede ocurrir tanto de forma natural como tras una inseminación artificial o FIV.

ABORTO ESPONTÁNEO.

Pérdida espontánea de un embarazo clínico antes de completadas las 20 semanas de edad gestacional (18 semanas después de la fecundación) o si la edad gestacional es desconocida, la pérdida de un embrión/feto de menos de 400 g.

ABORTO INDUCIDO.

La interrupción deliberada de un embarazo clínico que tiene lugar antes de completar las 20 semanas de edad gestacional (18 semanas después de la fecundación) o, si la edad gestacional es desconocida, de un embrión o fetos de menos de 400 g.

ABORTO RECURRENTE ESPONTÁNEO.

Pérdida de dos o más embarazos clínicos.

ABORTO RETENIDO.

Aborto clínico donde el embrión o feto es no viable y no es expulsado espontáneamente del útero.

ÁCIDO FÓLICO.

Vitamina hidrosoluble del complejo B. La cantidad correcta de ácido fólico antes y durante el embarazo ayuda a prevenir ciertas anomalías congénitas.

ACITOZOOSPERMIA.

Ausencia de espermatozoides y de todo tipo de células de la línea seminal, en el semen.

ACROSOMA.

Capucha que recubre la mitad anterior de la cabeza de un espermatozoide y que contiene substancias que una vez liberadas, le permiten adherirse al ovocito.

ADHERENCIAS INTRAUTERINAS.

Se describen como cicatrices dentro de la cavidad uterina. La principal causa de las adherencias intrauterinas es la lesión traumática de la cavidad uterina. La asociación más frecuente es en los casos de dilatación del cuello y raspado uterino. El método más comúnmente utilizado, para el diagnóstico de las adherencias intrauterinas, es la histerosalpingografía (HSG).

AGENESIA.

Ausencia de un órgano (ej.: ovario) por falta de su desarrollo durante la vida fetal.

AMENORREA.

Ausencia de menstruación.

ANDRÓGENOS.

Hormonas sexuales masculinas que estimulan el desarrollo de los caracteres sexuales masculinos.

ANEUPLOIDÍA.

En genética, el término aneuploidía hace referencia a cambios en el número de cromosomas.

ANOMALÍAS CONGÉNITAS.

Todas las anomalías estructurales, funcionales y genéticas diagnosticadas en fetos abortados, en bebés al nacer o en el período neonatal.

ANOVULACIÓN.

Ausencia de ovulación. No es lo mismo que amenorrea. La menstruación puede ocurrir aunque exista una anovulación.

ANTICUERPOS ANTIESPERMATOZOIDES.

Anticuerpos generados por el organismo de la mujer dirigidos específicamente contra algunos componentes del espermatozoide que pueden actuar como antígenos e inmovilizar a una gran cantidad de los espermatozoides, lo que produce infertilidad en mayor o menor medida dependiendo del tipo y la cantidad de anticuerpos. El varón también puede desarrollar la producción de una respuesta autoinmune y generar una gran cantidad de anticuerpos contra sus propios espermatozoides. La determinación de anticuerpos anti-espermatozoides se realiza mediante pruebas específicas (como el M.A.R. test o el Inmunobead test) que no están incluidas en la analítica de semen de rutina.

ANTIMULLERIANA.

Es una proteína producida directamente por los folículos ováricos y que mide la cantidad de óvulos de calidad que tiene una mujer en los ovarios, es decir, mide la "edad funcional" y la capacidad reproductiva de los ovarios. Presenta las ventajas de poder realizarse en cualquier momento del ciclo (al contrario que la FSH que solo se puede medir en los 3 primeros días del ciclo) y de dar información directa y completa de la reserva ovárica, no sólo de cuantos ovocitos hay sino de la calidad de los mismos ya que sólo es producida por folículos que darán lugar a ovocitos de calidad.

ASPERMIA.

Carencia completa de semen (no ser confundido con azoospermia, la carencia de esperma células en el semen).

ASPIRACIÓN EPIDIDIMARIA O TESTICULAR.

Técnica microquirúrgica en la que bajo anestesia local de la piel, se aspiran espermatozoides directamente del epidídimo o del parénquima testicular.

ASTENOZOOSPERMIA.

Disminución en la movilidad espermática.

AZOOSPERMIA.

Ausencia total de espermatozoides en el semen.

BAJO PESO AL NACER.

Peso al nacer menor a 2.500 g.

BANDERILLAS.

En foros de infertilidad, forma común de denominar a las inyecciones de hormonas que se pinchan las pacientes para los tratamientos de reproducción asistida.

BETA.

Es la determinación en sangre de los niveles de una hormona denominada beta-hCG, que produce el embrión y que pasa a la madre a través de la placenta. Es la primera señal que envía el embrión y que podemos medir como prueba de su implantación.

BETAESPERA.

Período que transcurre desde la introducción del semen (inseminación artificial) o la transferencia de los embriones (fecundación in vitro) hasta la prueba de embarazo (la beta).

BIÓLOGO.

Persona dedicada al estudio de los organismos vivos y más concretamente su origen, su evolución y sus propiedades.

BIOPSIA TESTICULAR.

Procedimiento quirúrgico para la obtención de parénquima testicular. El objetivo puede ser diagnostico de patología orgánica o diagnóstico o búsqueda de espermatozoides en casos de azoospermia.

BLASTOCISTO.

Embrión en su quinto día de desarrollo que está constituido por un número aproximado de 200 células. También se conoce como fase de blástula y es el estadio de desarrollo previo a la implantación del embrión en el útero materno.

CÁNULA.

Tubo corto que se emplea en diferentes operaciones de cirugía o que forma parte de aparatos físicos o quirúrgicos.

CAPACITACIÓN ESPERMÁTICA.

Son los cambios fisiológicos que sufre un espermatozoide de forma natural para adquirir la capacidad de fecundar el óvulo. Los espermatozoides tras ser eyaculados no poseen esta capacidad, aunque la adquieren en el aparato reproductor femenino cuando se encuentran atravesando el moco cervical.

La capacitación espermática se puede realizar en el laboratorio y consiste en seleccionar y concentrar los espermatozoides móviles, ya que su baja movilidad es uno de los factores asociados a la infertilidad. Se utiliza en técnicas de reproducción asistida como la inseminación artificial o la fecundación *in Vitro*.

CARIOTIPO.

Es una prueba para examinar cromosomas en una muestra de células, lo cual puede ayudar a identificar problemas genéticos como la causa de un trastorno o enfermedad. Por medio de esta prueba se puede contar el número de cromosomas y buscar cambios estructurales en los cromosomas.

CÉLULAS DIPLOIDES.

Son aquellas que contienen el doble del número normal de cromosomas (46), es decir, tienen dos juegos de cromosomas. Éstos provienen de un género masculino y otro femenino, por lo tanto, tienen el material genético completo.

CÉLULAS HAPLOIDES.

Son aquellas que contienen la mitad del número normal de cromosomas (23), es decir, sólo tienen un juego de cromosomas. Éstos provienen de un género femenino y, por lo tanto, sólo tienen la mitad del material genético.

CESÁREA.

Nacimiento del bebé mediante una incisión quirúrgica en el abdomen.

CICLO CANCELADO.

Ciclo de TRA en el cual la estimulación ovárica y el monitoreo han sido llevados a cabo con la intención de hacer un tratamiento, pero no se procedió a la aspiración folicular o a la transferencia del embrión, en el caso de un embrión descongelado.

CICLO DE DONACIÓN DE OVOCITOS.

Ciclo en el cual los ovocitos de una donante son obtenidos para aplicación clínica o de investigación.

CICLO DE RECEPTORA DE EMBRIONES.

Ciclo de TRA en el cual la mujer recibe zigotos o embriones donados.

CICLO DE RECEPTORA DE OVOCITOS.

Ciclo de TRA en el cual una mujer recibe ovocitos de una donante.

CICLO DE TRANSFERENCIA DE EMBRIONES

Ciclo de TRA durante el cual uno o más embriones son colocados en el útero o en la trompa de Falopio.

CICLO DE TRANSFERENCIA DE EMBRIONES CRIOPRESERVADOS/DESCONGELADOS (TEC/D)[6].

Procedimiento de TRA en el cual el monitoreo es llevado a cabo con la intención de transferir embriones criopreservados-descongelados.

---

[6]Un ciclo de TEC/D es iniciado cuando la medicación específica es indicada o el monitoreo del ciclo es iniciado con la intención de tratamiento.

CICLO DE TRANSFERENCIA DE OVOCITOS CRIOPRESERVADOS/DESCONGELADOS (TEC/D).

Procedimiento de TRA en el cual el monitoreo es llevado a cabo con la intención de fecundar ovocitos criopreservados / descongelados y transferir los embriones formados.

CICLO INICIADO.

Ciclo de TRA en el cual la mujer recibe medicación para estimulación ovárica, o monitoreo en el caso de ciclos naturales, con la intención de llevar a cabo un tratamiento, independientemente de si se realiza la aspiración de ovocitos.

CICLO MENSTRUAL.

Proceso mediante el cual se desarrollan los gametos femeninos y se producen una serie de cambios dirigidos al establecimiento de un posible embarazo. Generalmente el sangrado menstrual dura entre 2 y 8 días. El ciclo empieza el primer día del sangrado y termina el día antes de la siguiente menstruación. Durante cada ciclo, se viven una serie de cambios en el cuerpo y en la forma de sentirse, aunque no todas las mujeres los experimentan igual, e inclusive algunas nunca los perciben. La duración media del ciclo es de 28 días, aunque puede que sea más larga o más corta.

CICLO NATURAL DE FIV.

Procedimiento de FIV en el cual uno o más ovocitos son obtenidos de los ovarios durante un ciclo menstrual espontáneo sin uso de drogas.

CICLO NATURAL MODIFICADO.

Procedimiento de FIV en el cual uno o más ovocitos son obtenidos de los ovarios durante un ciclo menstrual espontáneo. Las drogas son administradas con el único propósito de bloquear el pico espontáneo de LH e inducir la maduración final del ovocito.

CICLO PARA RECEPTORA DE ESPERMATOZOIDES.

Ciclo de TRA en el cual una mujer recibe espermatozoides de un donante que no es su pareja.

CIGOTO.

En biología, se denomina cigoto (zigoto, huevo) a la célula resultante de la unión del gameto masculino con el femenino. Su citoplasma y sus orgánulos son siempre de origen materno al proceder del óvulo.

CIRUGÍA REPRODUCTIVA.

Procedimientos quirúrgicos realizados para diagnosticar, conservar, corregir, y/o mejorar la función reproductiva.

CITOLOGÍA.

La citología vaginal o prueba de Papanicolaou consiste en el estudio microscópico de las células tomadas en la matriz o parte baja del cuello uterino con el objetivo de detectar afecciones cancerosas o precancerosas. La citología se realiza como parte de un examen ginecológico.

CONCEBIR.

Quedar embarazada una mujer.

CONGÉNITO.

Característica o defecto presente en el nacimiento, adquirido durante el embarazo. Puede o no ser hereditario (genético).

CRIOPRESERVACIÓN.

La congelación o la vitrificación y el almacenamiento de gametos, zigotos, embriones o tejido gonadal a temperaturas muy bajas (-196° C) para su conservación.

CROMOSOMA.

Estructuras del núcleo de la célula donde se encuentra la información heredada. Normalmente en el humano hay 46 en cada célula. Las células germinales tienen la mitad (23).

CROMOSOMA X.

Es uno de los cromosomas sexuales del ser humano y se encuentra situado en el llamado par 23. Cuando en este par se da XX el sexo del individuo es femenino; si este par es XY el sexo del individuo es masculino.

CROMOSOMA Y.

Cromosoma sexual que sólo está presente en el sexo masculino.

CUELLO UTERINO.

También llamado cérvix. Parte baja del útero, que está localizada en el área superior de la vagina. El canal cervical atraviesa el cuello uterino permitiendo que la sangre de un período menstrual y un bebé (feto) pasen de la matriz hacia la vagina.

CUERPO LÚTEO.

Estructura del ovario que se observa en la segunda mitad del ciclo menstrual (fase lútea). Produce principalmente progesterona.

DIAGNÓSTICO GENÉTICO PREIMPLANTACIONAL.

El diagnóstico genético preimplantacional (DGP) es el estudio del ADN de embriones humanos para seleccionar los que cumplen determinadas características y/o eliminar los que portan algún tipo de defecto congénito. Se realiza en tratamientos de fecundación in vitro, antes de implantar los embriones humanos en el útero.

DONACIÓN DE EMBRIONES.

Transferencia de embriones resultantes de gametos (espermatozoides y ovocitos) que no se originaron de la receptora y su pareja.

Doppler. Estudio ecográfico que se utiliza para evaluar el flujo sanguíneo de los vasos, pudiendo detectar alteraciones como el varicocele o el déficit de irrigación en la placenta.

Duelo genético.

Es el proceso de tristeza o dolor moral por el cual algunos hombres y mujeres pasan cuando reciben la noticia de que no podrán utilizar sus gametos para concebir a sus hijos.

A veces los pacientes son reticentes a aceptar gametos que no son propios. Sienten tristeza y frustración ante la idea que su futuro hijo no vaya a contar con el material genético de uno o de ambos. Se plantean dudas sobre su vinculación con el niño, experimentan frustración porque piensan que su futuro bebé no tendrá sus rasgos físicos o miedo sobre cómo afrontar posibles preguntas del niño sobre su origen.

Eclosión.

Proceso mediante el cual el embrión en estadio de blastocisto expandido se libera de la cubierta proteica que lo envuelve (zona pelúcida) para poder implantar en el útero materno. Aunque la zona pelúcida tiene como función proteger al óvulo primero y después al embrión cuando pasa por las trompas de Falopio, el embrión debe desprenderse de ella para poder implantarse en el útero.

Eclosión asistida.

Procedimiento in vitro mediante el cual la zona pelúcida de un embrión es adelgazada o perforada por métodos químicos, mecánicos o con láser para ayudar en la eclosión del blastocisto.

Ecoespera.

Período desde la prueba de embarazo positiva hasta la primera ecografía.

Ecografía.

Es una técnica diagnóstica que utiliza los ultrasonidos para estudiar y obtener imágenes de los órganos. Puede repetirse cuantas veces sea necesario, sin efectos nocivos.

Es, por tanto, una prueba muy dinámica que permite hacer seguimiento continuado en el tiempo. En la ecografía de la reproducción se estudian la matriz, los ovarios y las estructuras que se encuentran a su alrededor.

Edad fértil.

Edad de una mujer situada entre la pubertad y la menopausia, que oscila entre los 15 y los 50 años (según cada mujer). Dentro de ese período, las mejores condiciones de fertilidad se dan normalmente hasta los 35 años. Después de esta edad las posibilidades de conseguir el embarazo disminuyen considerablemente.

Edad gestacional.

Edad de un embrión o feto calculada al sumar dos semanas (14 días) al número de semanas completadas después de la fecundación. Nota: para transferencia de embriones criopreservados / descongelados, la fecha estimada de fecundación es calculada restando la edad del embrión en el momento de la criopreservación a la fecha de la transferencia de embriones criopreservados y descongelados.

EMBARAZO BIOQUÍMICO (ABORTO ESPONTÁNEO PRECLÍNICO).
Embarazo diagnosticado sólo por la detección de HCG en suero u orina y que no se desarrolla en embarazo clínico.

EMBARAZO CLÍNICO.
Embarazo diagnosticado por visualización ecográfica de uno o más sacos gestacionales o signos clínicos definitivos de embarazo. Esto incluye embarazo ectópico. Nota: múltiples sacos gestacionales son contados como un solo embarazo clínico.

EMBARAZO CLÍNICO CON LATIDO CARDÍACO FETAL.
Embarazo diagnosticado con ecografía o por documentación clínica de al menos un feto con latido cardíaco. Esto incluye embarazo ectópico.

EMBARAZO ECTÓPICO.
Embarazo anormal en el que un óvulo fecundado se implanta fuera del útero, generalmente en una de las trompas de Falopio, en el ovario o en la cavidad abdominal.

EMBARAZO GEMELAR.
Desarrollo simultáneo en el útero de dos fetos. Puede tratarse de un embarazo de gemelos o de mellizos.

EMBARAZO MÚLTIPLE.
Desarrollo simultáneo en el útero de dos o más fetos. Este tipo de embarazo puede ser resultado de la fecundación de un óvulo por un espermatozoide y posterior división del mismo en dos o más óvulos idénticos (monocigóticos) dando lugar a gemelos o bien de la fecundación de dos o más óvulos por dos o más espermatozoides, cuyo resultado serán mellizos (multicigóticos).

EMBRIO/FETO REDUCCIÓN.
Procedimiento para reducir el número de embriones o fetos viables en un embarazo múltiple.

EMBRIOLOGÍA.
Ciencia que estudia la formación y el desarrollo de los embriones. El inicio de esta ciencia tiene lugar en el momento en que el óvulo es fecundado por el espermatozoide formando el huevo o cigoto y terminará con el nacimiento de un nuevo ser. En este proceso, el embrión deja de ser embrión y pasa a llamarse feto cuando se han formado todos sus órganos y estructuras principales.

EMBRIÓLOGO.
Especialista en embriología.

EMBRIÓN.
Conjunto de células que conforman la etapa inicial de un ser vivo, desde la fecundación hasta que el organismo adquiere las características morfológicas de la especie. En la especie humana, es el producto de la concepción hasta la octava semana de embarazo.

ENDÓGENO.
Originado por el propio cuerpo.

ENDOMETRIO.
Membrana mucosa que cubre el interior del útero, que sufre una serie de modificaciones bajo la influencia de las hormonas del folículo ovárico y del cuerpo lúteo, haciendo que aumente de grosor durante el ciclo menstrual hasta que se produce la ovulación. Su función es la de alojar al cigoto después de la fecundación y permitir su implantación. Si hay fecundación, el huevo puede implantarse en el útero; en caso contrario, se produce la menstruación.

ENDOMETRIOSIS.
Aparición y crecimiento de tejido endometrial fuera del útero, sobre todo en la cavidad pélvica como en los ovarios, detrás del útero, en los ligamentos uterinos, en la vejiga urinaria o en el intestino. A menudo es una causa de menstruación dolorosa y de infertilidad.

ENDOMETRITIS.
Inflamación sistemática del endometrio, que es la membrana mucosa que recubre al útero. El tratamiento comprende analgésicos, terapia hormonal o cirugía en casos indicados.

ENFERMEDAD INFLAMATORIA PÉLVICA (EIP).
Enfermedad que se caracteriza por la infección del revestimiento del útero, las trompas de Falopio o los ovarios.

EPIDIDIMITIS.
Inflamación del epidídimo, la estructura tubular que conecta el testículo con los vasos deferentes.

EPIDÍDIMO.
Órgano del aparato reproductor masculino, ubicado al lado del testículo, donde se almacenan los espermatozoides que salen de éste hasta el momento de la eyaculación.

EPIGENÉTICA.
Recientes estudios han demostrado que la madre es capaz de modificar genéticamente la expresión de los genes del embrión en las primeras semanas de gestación, en un proceso que se explica por la nueva disciplina que es la "epigenética". Es decir que el vínculo entre madre e hijo, durante la gestación es tan íntimo que esa interrelación condiciona la expresión genética de ese niño. De ese modo sucede ya con los propios hermanos de los mismos padres pues

no todos son idénticos ni física ni psicológicamente a pesar de proceder de los gametos de ambos padres.

ESPERMATOGÉNESIS.

Proceso de formación de los espermatozoides. Consiste en una serie de divisiones y transformaciones celulares que duran aproximadamente 74 días.

ESPERMATOZOIDE.

Célula reproductora sexual masculina compuesta por una cabeza, donde se encuentra el núcleo con el material cromosómico, y de un flagelo o cola. Es la encargada de fecundar el óvulo, aportando la información genética complementaria a la de la célula femenina.

Los espermatozoides son producidos en los túbulos seminíferos de cada testículo, siendo el componente mayoritario del semen.

ESPINA BÍFIDA.

Es un defecto congénito (defecto de nacimiento) en el cual el canal espinal no se cierra antes del nacimiento.

ESTERILIDAD.

Imposibilidad de una pareja de lograr un embarazo. Se considera que hay un problema de esterilidad en una pareja cuando, después de un año de mantener relaciones sexuales regulares sin uso de métodos anticonceptivos, no se consigue un embarazo.

Se denomina primaria, cuando la pareja no ha tenido hijos anteriormente y secundaria, cuando la pareja tras haber tenido uno o más hijos no consiguen un nuevo embarazo.

ESTERILIDAD IDIOPÁTICA.

Esterilidad de la que se desconoce la causa.

ESTIMULACIÓN OVÁRICA CONTROLADA (EOC) PARA CICLOS NO DE TRA.

Tratamiento farmacológico en el cual las mujeres son estimuladas para inducir el desarrollo de más de un ovocito.

ESTIMULACIÓN OVÁRICA CONTROLADA (EOC) PARA TRA.

Tratamiento farmacológico en el cual las mujeres son estimuladas para inducir el desarrollo de múltiples folículos ováricos para obtener múltiples ovocitos en la aspiración folicular.

ESTIMULACIÓN OVÁRICA SUAVE PARA FIV.

Procedimiento mediante el cual los ovarios son estimulados con gonadotropinas y/o otros compuestos con la intención de limitar el número de ovocitos obtenidos para FIV a menos de siete.

ESTRADIOL.

Hormona femenina liberada por los ovarios que ayuda a preparar el endometrio para la implantación del óvulo fecundado, regula la producción de FSH y LH y modula los efectos de la otra hormona sexual femenina principal, la progesterona.

ESTRÓGENOS.

Grupo de hormonas femeninas producidas fundamentalmente en los ovarios. Son los responsables del desarrollo de las características físicas de la mujer madura. Los estrógenos también tienen un papel importante en la tensión de la piel, estabilizan y hacen los huesos más fuertes y tienen un efecto importante en los vasos sanguíneos.

EXÓGENO.

Originado fuera del cuerpo.

EYACULACIÓN.

Líquido segregado por el varón a través del pene, acompañado de sensaciones placenteras, que alcanza entre dos y cinco milímetros cúbicos de semen.

FASE FOLICULAR.

Fase del ciclo menstrual que va desde el primer día de la menstruación hasta la ovulación.

FASE LÚTEA.

Fase del ciclo menstrual que va desde la ovulación hasta la menstruación. En la fase lútea se producen estrógenos y progesterona.

FECUNDACIÓN.

Fusión de un ovocito y un espermatozoide dando lugar a la célula cigoto donde se encuentran reunidos los cromosomas de los dos gametos.

FECUNDACIÓN IN VITRO (FIV).

Técnica por la cual la fecundación de los gametos se realiza fuera del cuerpo de la madre. Es el principal tratamiento para la infertilidad cuando otros métodos de reproducción asistida no han tenido éxito.

Hay cuatro opciones: Óvulos propios y semen de la pareja, óvulos propios y semen de donante, óvulos de donante y semen de la pareja (ovodonación) y óvulos de donante y semen de donante.

FECUNDAR.

Proceso por el cual se unen óvulo y espermatozoide para dar lugar al cigoto, célula con una dotación cromosómica procedente de los dos gametos. La finalidad de la fecundación es generar un nuevo individuo con la combinación de genes de ambos progenitores.

FERTILIZACIÓN.

Fusión de un ovocito y un espermatozoide dando lugar a la célula cigoto donde se encuentran reunidos los cromosomas de los dos gametos.

FETO.

Bebé en desarrollo, desde la novena semana de gestación hasta el momento de su nacimiento.

FIBROMA.

Tumor benigno del músculo del útero. Suele formarse en mujeres mayores de 30 años.

FISH (HIBRIDACIÓN IN SITU FLUORESCENTE).

Técnica diagnóstica muy útil en el análisis seminal. Permite analizar parte de la dotación cromosómica de los espermatozoides, en concreto, los cromosomas 13, 18, 21, X e Y, implicados principalmente en abortos y malformaciones fetales. Un semen con un elevado porcentaje de espermatozoides cromosómicamente anómalos puede dar lugar a fallos de implantación, abortos o alteraciones cromosómicas en la descendencia.

FOLÍCULO.

Saco lleno de líquido existente en el ovario que rodea y nutre al ovocito durante su maduración. Tiene la función de producir estradiol. Cuando llega la ovulación, el folículo se rompe y libera al ovocito. Durante la etapa fértil de la mujer, que va desde la pubertad hasta la menopausia, la función de los folículos ováricos es de vital importancia.

FRAGMENTACIÓN DEL DNA ESPERMÁTICO.

Hace referencia a las roturas o lesiones en el material genético del espermatozoide. Cuanto mayor sean el número de estas lesiones, menor será la integridad del material genético y las probabilidades de que se produzca un embarazo a término.

FSH.

Hormona folículo estimulante. Su secreción corre a cargo de la hipófisis o glándula pituitaria, que está situada en la base del cerebro y es del tamaño de un guisante. Esta hormona estimula en la mujer el crecimiento y almacenamiento de los folículos ováricos en los ovarios, y en el hombre, la formación y maduración de los espermatozoides en los testículos.

La FSH es una hormona que actúa sinérgicamente con la hormona luteinizante (LH) en la reproducción.

FSH PLASMÁTICA.

Niveles en la sangre de la hormona FSH. En la mujer estos niveles van cambiando a lo largo del ciclo menstrual.

FSH RECOMBINANTE.

Hormona folículo estimulante desarrollada por técnicas de ingeniería genética. De esta manera se sintetiza una hormona con un altísimo grado de pureza y sin contaminantes.

GAMETO.

Célula sexual que se une con otra en el proceso de la fecundación. La célula que resulta de la unión de dos gametos (espermatozoide y óvulo) se denomina cigoto. Por lo general, el cigoto experimenta una serie de divisiones celulares hasta que se constituye en un organismo completo. La producción de los gametos femenino y masculino se lleva a cabo en las gónadas respectivas (ovario y testículos) mediante el proceso de gametogénesis.

GEN.

Segmento de ADN que codifica por una molécula específica, que habitualmente se trata de una proteína.

GENÉTICA.

Parte de la biología que estudia la naturaleza, el funcionamiento y la transmisión de los genes o factores hereditarios.

GESTACIÓN.

Período de desarrollo del feto dentro del útero desde su concepción hasta el nacimiento. Para los humanos este período dura normalmente 40 semanas. Una vez han transcurrido las primeras 23 semanas de gestación es cuando se considera que el feto humano es viable.

GESTACIÓN / NACIMIENTO MÚLTIPLE.

Embarazo/parto con más de un feto/bebé.

GESTANTE SUBROGADA.

Mujer que lleva adelante un embarazo habiendo acordado que ella entregará el bebé a los padres previstos. Los gametos pueden originarse de los padres previstos y/o de terceros.

GINECÓLOGO.

Médico especializado en el aparato reproductor femenino.

GNRH.

Factor liberado por el hipotálamo para estimular la producción y liberación de las gonadotrofinas (FSH y LH) por la hipófisis.

GÓNADA.

Glándula que fabrica los gametos, los testículos en el hombre y los ovarios de la mujer.

GONADOTROPINA CORIÓNICA HUMANA RECOMBINANTE (hCGR).

Hormona utilizada después de la estimulación ovárica para desencadenar la ovulación en mujeres con infertilidad debida a alteraciones de la función ovulatoria, y para promover la maduración folicular en mujeres sometidas a tecnologías de reproducción asistida.

GONADOTROPINAS.

Son las hormonas que estimulan las gónadas (ovarios y testículos). Estas son la FSH y la LH.

GRADIENTES DE PRECOLL.

Técnica que se utiliza para separar los espermatozoides móviles de los inmóviles y de otras células.

HCG.

La Gonadotropina Coriónica Humana es la hormona propia del embarazo encargada de mantener al cuerpo lúteo produciendo progesterona después de haberse logrado la concepción. Con el embarazo, sus niveles podrían duplicarse cada dos o tres días. Sin embargo, a algunas mujeres se les debe inyectar esta hormona a fin de provocar la ovulación o para poder extender la fase lútea de su ciclo menstrual.

HEPARINA.

Anticoagulante que se usa para reducir la capacidad de coagulación de la sangre y para ayudar a prevenir que se formen coágulos dañinos en los vasos sanguíneos.

HIPOPLASIA UTERINA O ÚTERO INFANTIL.

Falta de desarrollo del útero.

HISTEROSALPINGOGRAFÍA (HSG).

Procedimiento que se realiza para determinar si las trompas de Falopio se encuentran permeables y para observar si la forma de la cavidad uterina es normal mediante la utilización de rayos X. Es, por tanto, un procedimiento que no requiere internamiento hospitalario, y cuya realización dura menos de media hora. Generalmente se realiza al finalizar el período menstrual, pero antes de la ovulación, para evitar la interferencia con un embarazo temprano.

HISTEROSCOPIA DIAGNÓSTICA.

La histeroscopia diagnóstica es un procedimiento que consiste en introducir una lente a través del cuello del útero para visualizar el canal cervical y la cavidad uterina. Actualmente, la histeroscopia diagnóstica se lleva a cabo de forma ambulatoria en consulta y no requiere anestesia ni preparación alguna, pues es una prueba sencilla, breve y no dolorosa.

HISTEROSCOPIA QUIRÚRGICA.

Es un procedimiento mínimamente invasivo, que consiste en la introducción de un histeroscopio, por vía vaginal hasta llegar al útero. El histeroscopio cuenta con un sistema óptico, que permitirá la observación del procedimiento en monitor de video. Después de la introducción del histeroscopio, se distenderá el útero, es decir se expandirá. Una vez que el útero está distendido, el médico procederá con la intervención quirúrgica que necesite realizar.

HISTEROSCOPIO.

Telescopio con un calibre muy fino que se introduce por la vagina y llega hasta la matriz. Este aparato está unido a una fuente de luz, a una cámara (para observar las imágenes a través de un monitor de TV) y en ocasiones a un equipo eléctrico para la cirugía.

HMG.

La Gonadotropina Menopáusica Humana es una hormona que se prescribe durante la estimulación controlada de la ovulación en tratamientos como la

IA, FIV e ICSI. Su principal efecto es inducir un mayor reclutamiento de folículos y el desarrollo de éstos. El nombre de esta hormona viene de su procedencia, ya que se obtiene a partir de la orina purificada de las mujeres menopáusicas. La HMG está constituida por la hormona folículo estimulante (FSH) y la hormona luteinizante (LH) y es utilizada para producir la estimulación de los folículos ováricos. Se administra por vía intramuscular empezando dos o tres días después del inicio de la menstruación y durante un período de siete a doce días. Su uso puede ser especialmente beneficiosa en mujeres con endometriosis.

HORMONA.
Sustancia química producida por una glándula endocrina. Circula por la sangre y llega a actuar sobre todo el organismo.

IDIOPÁTICA.
Término que se utiliza en medicina cuando no se encuentra una causa que justifique una afección (ej.: infertilidad idiopática).

IMPLANTACIÓN.
Es la acción de depositar el embrión fecundado en el interior del útero. La implantación se produce cuando el embrión, en estado de blastocisto, se adhiere a la pared interna del útero, llamada endometrio, y penetra en el interior de la misma para seguir desarrollándose.

INCISIÓN.
Hendidura hecha con un instrumento cortante.

INCUBADORA.
Aparato o cámara construido para mantener organismos vivos en un entorno favorable para su crecimiento. Las incubadoras mantienen una temperatura constante y, a menudo, un nivel de humedad constante. El término incubadora suele aplicarse a los dispositivos empleados para mantener calientes a niños prematuros o débiles.

INDUCCIÓN DE OVULACIÓN (IO).
Tratamiento farmacológico de mujeres con anovulación u oligo-ovulación con la intención de inducir ciclos ovulatorios normales.

INFERTILIDAD.
La infertilidad es la imposibilidad de llevar a término el embarazo, porque el mismo se detiene o porque se pierde en algún momento de su desarrollo. Se denomina primaria, cuando la pareja no ha tenido hijos anteriormente y secundaria, cuando la pareja tras haber tenido uno o más hijos no consiguen un nuevo embarazo.

INSEMINACIÓN ARTIFICIAL (IA).
Es uno de los principales tratamientos de reproducción asistida. Consiste en el depósito en el útero de la mujer de una muestra de semen previamente tratada.

La inseminación artificial debe coincidir con el momento de la ovulación de la mujer, que se controla generalmente mediante fármacos para aumentar el número de óvulos generados durante el ciclo y para tener un control sobre el momento preciso de la ovulación.

INYECCIÓN INTRACITOPLASMÁTICA DE ESPERMATOZOIDES (ICSI).

Esta técnica consiste en la inseminación de un óvulo mediante la microinyección de un espermatozoide en su interior. Con la ICSI se precisa sólo un espermatozoide por óvulo.

El óvulo una vez fecundando se convierte en un preembrión y se transfiere útero para que continúe su desarrollo.

IINYECCIÓN INTRACITOPLASMÁTICA DE ESPERMA SELECCIONADO MORFOLÓGICAMENTE (IMSI).

Técnica mediante la cual se utiliza un microscopio especial que permite visualizar los espermatozoides a 6.000 aumentos, permitiendo así observar su morfología de forma más detallada y seleccionar el mejor espermatozoide de una muestra seminal para obtener las mayores garantías de éxito en un tratamiento de fecundación "in Vitro".

Esta técnica también recibe el nombre de súper ICSI, ya que es una técnica mejorada de la microinyección espermática intracitoplasmática (ICSI).

LAPAROSCOPIA.

Exploración o examen de la cavidad abdominal mediante la introducción de un laparoscopio a través de una pequeña incisión.

LAPAROSCOPIO.

Instrumento óptico que se utiliza para ver el contenido de la cavidad abdominal durante cirugías mínimamente invasivas. Se introduce en la cavidad abdominal a través de una pequeña incisión que se hace en la pared abdominal (el sitio de la incisión dependerá del tipo de cirugía que se realice).

LH (HORMONA LUTEINIZANTE).

Hormona producida por la hipófisis tanto en el hombre como en la mujer.
En el hombre actúa sobre el testículo para que produzca la hormona sexual masculina, testosterona. En la mujer es la hormona encargada de que se produzca la ovulación y de mantener al cuerpo lúteo para que produzca progesterona.

MAR (TEST).

Prueba adicional al seminograma que se le realiza al paciente para detectar la presencia de anticuerpos en su esperma.

MATRIA.

Denominación común del útero. Es el órgano de la gestación y el mayor de los órganos del aparato reproductor femenino. Tiene forma de pera y mantiene y nutre al feto durante el embarazo. Durante el parto, desarrolla potentes contracciones rítmicas para expulsar al feto en el momento del nacimiento.

MENOPAUSIA.

Periodo que termina la fase reproductiva de la mujer, es decir, es la interrupción natural de la menstruación de la mujer. Para la mayoría de las mujeres este proceso comienza silenciosamente alrededor de los cincuenta años.

MENSTRUACIÓN.

La menstruación, comúnmente conocida como regla, período menstrual o período, es el sangrado mensual de la mujer que fluye desde el útero, a través de la pequeña abertura del cuello uterino, y sale del cuerpo a través de la vagina. El ciclo menstrual medio dura 28 días. Suele aparecer a partir de los 12 años de edad y dura hasta la menopausia.

MICROMANIPULACIÓN.

Tecnología que permite efectuar procedimientos microquirúrgicos en espermatozoides, ovocitos, zigotos o embriones.

MIOMA.

Tumor benigno del tejido muscular de la pared del útero. También es conocido como fibromioma, fibroide uterino o leiomioma.

Suele presentarse en mujeres adultas de más de 30 años, siendo el tumor pélvico más frecuente entre mujeres (ya que se presenta en una de cada cinco mujeres).

MOCO CERVICAL.

Secreción del cuello uterino que permite el ascenso de los espermatozoides.

MORTALIDAD PERINATAL.

Muerte fetal o neonatal que ocurre durante el embarazo tardío (a las 20 semanas completas de edad gestacional o más tarde), durante el nacimiento, o hasta completados los siete días después del nacimiento.

MUERTE FETAL (MORTINATO).

Muerte que ocurre antes de la completa expulsión o extracción del producto de una fecundación, a partir de la semana 20 de edad gestacional.

La muerte es determinada por el hecho de que el feto no respire ni muestre otra evidencia de vida, tal como latido fetal, pulsación del cordón umbilical, o movimiento definido de los músculos voluntarios.

MUERTE NEONATAL.

Muerte de un recién nacido vivo dentro de los 28 días del nacimiento.

MUERTE NEONATAL TEMPRANA.

Muerte de un nacido vivo dentro de los primeros 7 días del nacimiento.

MÚLTIPLES DE ALTO ORDEN.

Embarazo o parto con tres o más fetos o neonatos.

MUY BAJO PESO AL NACER.

Peso menor a 1.500 g.

NACIMIENTO A TÉRMINO COMPLETO.

Nacimiento de un recién nacido vivo o mortinato que tiene lugar entre las 37 y 42 semanas de edad gestacional.

NACIMIENTO POSTÉRMINO.

Nacimiento vivo o muerto que tiene lugar después de completadas las 42 semanas de edad gestacional.

NACIMIENTO PREMATURO EXTREMO.

Parto de un nacido vivo o muerto que tiene lugar después de la semana 20 y antes de las 32 semanas completas de edad gestacional.

NACIMIENTO PRETÉRMINO.

Nacimiento que tiene lugar después de 20 semanas y antes de completadas las 37 semanas de edad gestacional.

NACIMIENTO PRETÉRMINO (EXTREMO).

Un nacimiento vivo o mortinato que sucede después de la semana 20 y antes de la semana 28 de edad gestacional.

NACIMIENTO VIVO.

Expulsión completa del cuerpo de su madre del producto de la fecundación, independientemente de la duración del embarazo, si después de la separación respira o muestra cualquier otra evidencia de vida, tales como latido del corazón, pulsación del cordón umbilical, movimiento definido de músculos voluntarios, independientemente de si el cordón umbilical ha sido cortado o si la placenta está unida.

NÚCLEO CELULAR.

Zona de la célula, dentro del citoplasma, rodeada por una membrana y que contiene los cromosomas.

OLIGOZOOSPERMIA.

Número bajo de espermatozoides en el eyaculado.

ORQUITIS.

Es la inflamación de uno o ambos testículos, causada con frecuencia por infección.

OVARIO.

El ovario es el órgano esencial del aparato reproductor sexual femenino. La estructura ovárica de la mujer está formada por dos ovarios, ambos situados a cada lado del útero, cerca de la parte distal de cada trompa de Falopio. Su forma es ovoide y las dimensiones varían según la edad de la mujer. Los ovarios tienen una doble función: generar los óvulos formados en los folículos y secretar las hormonas sexuales femeninas como los estrógenos y la progesterona. Los ovarios femeninos son el equivalente a los testículos en el varón.

OVARIO POLIQUÍSTICO.

El síndrome del ovario poliquístico (SOP) es un trastorno que afecta al 5-10% de las mujeres en edad fértil. Se manifiesta como un gran número de pequeños quistes inmaduros en los ovarios, produciendo una perturbación en la producción de hormonas y un aumento en la secreción de la hormona sexual masculina. Muchas mujeres con esta condición no ovulan normalmente y el síndrome puede llevar a la infertilidad.

Ovocito.

Nombre dado al óvulo una vez salido del folículo.

Ovodonación.

Es una técnica de reproducción asistida mediante la cual el ovocito obtenido de una "donante", es fertilizado por el espermatozoide de la "pareja de la receptora" o por el "semen de un donante".

El embrión resultante es transferido al interior del útero de la receptora con la finalidad de lograr un embarazo.

Ovogénesis.

Proceso de formación del óvulo.

Ovulación.

Desprendimiento, espontáneo o inducido, de un óvulo maduro del ovario que es apto para ser fecundado.

La ovulación tiene lugar unos 15 días antes de la menstruación y, en condiciones normales, se produce cíclicamente desde la pubertad hasta la menopausia (excepto durante el embarazo).

Óvulo.

Célula sexual femenina haploide producida por el ovario portadora de la carga genética, que después de haber madurado y de haber sido fecundado es capaz de desarrollar un nuevo organismo.

Es una célula que desde la pubertad se produce cada mes en los ovarios.

Parto.

La expulsión o extracción de uno o más fetos de la madre después de completadas 20 semanas de edad gestacional.

Pene.

Órgano masculino utilizado para la micción y la relación sexual.

Pequeño para edad gestacional.

Peso al nacer menor a dos desviaciones estándares de la media o menor que el décimo percentil de acuerdo a los gráficos locales de crecimiento intrauterino.

Periodo fértil.

Días en que las mujeres tienen más posibilidades de embarazarse.

Peso bajo al nacer (extremo).

Peso al nacer inferior a 1.000 g.

Pipitest.

Test de embarazo en orina.

PLACENTA.

Estructura formada por tejidos del embrión y tejidos maternos en los mamíferos superiores, por medio de la cual el embrión recibe de la madre sustancias nutritivas y oxígeno, y elimina productos de desecho y dióxido de carbono.

PÓLIPO.

Tumor de estructura diversa, pero de forma pediculada, que se forma y crece en las membranas mucosas de diferentes cavidades (principalmente en la vagina y en la matriz de la mujer).

PREECLAMPSIA.

Presencia de hipertensión arterial y proteína en la orina que se desarrolla después de la semana 20 del embarazo.

PRESERVAR FERTILIDAD.

Es un nuevo campo de la medicina que permite superar la infertilidad asociada a tratamientos de quimioterapia y de radioterapia.

También pueden beneficiarse de los tratamientos de la fertilidad mujeres sin pareja y jóvenes que están en riesgo de perder su fertilidad en edad temprana por motivos diversos, como menopausia precoz, síndrome de Turner, galactosemia y otras condiciones genéticas.

PROGESTERONA.

Hormona producida principalmente en los ovarios. Prepara el útero para el embarazo y las mamas para la producción de leche.

Después de la ovulación, la progesterona ayuda a hacer que el útero esté listo para la implantación de un óvulo fecundado.

PROLACTINA.

Hormona producida por la hipófisis. Se incrementa durante el embarazo para permitir la lactancia. El incremento en mujeres fuera de este periodo puede alterar la ovulación.

PRÓSTATA.

Glándula masculina que rodea la primera porción de la uretra, cercana a la vejiga. Produce la secreción ácida que se junta con los espermatozoides para constituir el semen.

PUNCIÓN FOLICULAR.

También conocida como punción ovárica, es uno de los pasos fundamentales de la fecundación in vitro (FIV).

Se trata de una intervención quirúrgica cuyo objetivo es la obtención de los óvulos del interior de los folículos del ovario. Es un proceso sencillo y de corta duración que se realiza bajo anestesia (sedación).

QUISTE.

Bolsa cerrada con una membrana propia que se desarrolla anormalmente en una cavidad o estructura del cuerpo. Son comunes en la piel y se desarrollan como resultado de una infección, obstrucción de las glándulas sebáceas o alrededor de cuerpos extraños.

Reproducción asistida.

La Reproducción asistida comprende el conjunto de técnicas que ayudan a la reproducción humana en casos que existen problemas de esterilidad por parte de algún o ambos miembros de una pareja.

Reserva ovárica.

La cantidad de óvulos, o lo que viene a ser lo mismo, de folículos primordiales de que dispone una mujer en un momento determinado, se denomina reserva ovárica y esta viene determinado desde antes de su nacimiento, de hecho, el momento en que mas folículos primordiales tendrá una mujer (cerca de 7 millones de folículos) tendrá lugar 20 semanas antes de su nacimiento.

A partir de ese momento, el número de folículos se ira reduciendo en número, y estos no serán sustituidos por nuevos, contando con aproximadamente 2 millones de folículos primordiales el día de su nacimiento y con cerca de 400.000 en su primera menstruación.

En el momento actual, la valoración de la reserva ovárica de una mujer es de vital importancia para un especialista en reproducción de cara a evaluar el pronóstico reproductivo de una paciente. Dicha valoración se realiza a partir de datos de extrema utilidad como el recuento de folículos antrales por ecografía de alta resolución, y la valoración hormonal a partir de hormonas como la FSH o la Hormona Antimuleriana (AMH).

Saco gestacional.

Estructura que contiene líquido asociada con un embarazo temprano, la cual puede estar localizada dentro o fuera del útero (en caso de un embarazo ectópico).

Sacos(s) o embrión(es) evanescente(s).

Documentación ecográfica de la desaparición espontánea de uno o más sacos gestacionales o embriones de un embarazo en marcha.

Salpingitis.

Inflamación de las trompas de Falopio.

Semen.

Líquido viscoso y blanquecino que es expulsado a través del pene durante la eyaculación. Está compuesto por espermatozoides (de los testículos) en suspensión en el plasma seminal.

Seminograma.

También llamado espermiograma o espermograma es una prueba diagnóstica que tiene como objetivo evaluar la calidad del semen.

Se estudian parámetros como el volumen y pH seminal así como la morfología, movilidad y concentración de espermatozoides.

Seminograma REM.

Prueba que puede hacerse como complemento al seminograma. Consiste en la separación de los espermatozoides en función de su movilidad. De esta forma, se obtiene una fracción de la muestra concentrada en los espermatozoides de mayor movilidad, lo cual informará de la calidad de los espermatozoides recuperados. Así, se podrá valorar de una manera más eficiente la técnica de reproducción asistida que más probabilidad de éxito ofrece en función de la calidad seminal obtenida.

Síndrome antifosfolípido.

Aparición de trombosis de repetición (tanto venosas como arteriales o de pequeño vaso), morbilidad en los embarazos (abortos o pérdidas fetales recurrentes) y alteraciones hematológicas (trombopenia o anemia hemolítica), asociados a la presencia de anticuerpos antifosfolipídicos.

Síndrome de hiperestimulación ovárica (SHO).

Respuesta sistémica exagerada a la estimulación ovárica caracterizada por un amplio espectro de manifestaciones clínicas y de laboratorio. Se clasifica en suave, moderado o severo de acuerdo al grado de distensión abdominal, agrandamiento de los ovarios y complicaciones respiratorias, hemodinámicas y metabólicas.

Síndrome de hiperestimulación ovárica (SHO) severo.

El SHO es severo cuando se tiene que indicar hospitalización.
(Ver definición de "Síndrome de hiperestimulación ovárica").

Sinequia.

Adherencia anormal entre estructuras. Por ejemplo, las sinequias uterinas se refieren a la alteración en la cavidad del útero por adherencias del endometrio.

Swim up.

Técnica de separación de espermatozoides móviles. En este procedimiento, el semen es colocado junto a un medio de cultivo. Después de una incubación, los espermatozoides móviles se deslazan hacia la parte superior separándose del resto de la muestra.

Tasa acumulativa de partos con al menos un bebé nacido vivo.

El número estimado de partos con al menos un bebé nacido vivo resultado de un ciclo de TRA iniciado o aspirado, incluyendo el ciclo en el cual se transfirieron embriones en fresco y los subsecuentes ciclos en los cuales se transfieran embriones criopreservados y descongelados. Esta tasa es usada cuando se ha transferido menos del total de embriones en fresco y embriones criopreservados y descongelados de un solo ciclo de TRA.
Nota: el nacimiento de un bebé único, o múltiples es registrado como un solo parto.

Tasa de embarazo clínico.

El número de embarazos clínicos expresados por 100 ciclos iniciados, ciclos de aspiración o ciclos de transferencia de embriones.
Nota: cuando se expresen las tasas de embarazo clínico, el denominador (iniciados, aspirados o transferencias) debe ser especificado.

TASA DE IMPLANTACIÓN.
Número de sacos gestacionales observados, dividido por el número de embriones transferidos.

TASA DE NACIMIENTOS VIVOS.
Número de nacimientos que hayan resultado en al menos un nacido vivo expresado por 100 ciclos iniciados, ciclos de aspiración, o ciclos de transferencia de embriones. Cuando se exprese la tasa de nacidos vivos el denominador (ciclos iniciados, aspirados o de transferencias) debe especificarse.

TASA DE PARTO DESPUÉS DE TRA POR PACIENTE.
Número de partos con al menos un nacido vivo por paciente después de un número especificado de tratamientos de TRA.

TASA DE PARTOS.
El número de partos expresados por cada 100 ciclos iniciados, ciclos de aspiración o ciclos de transferencia de embriones. Cuando la tasa de partos es expresada, el denominador (iniciados, aspirados o transferencias) debe ser especificado. Esto incluye partos que resultaron en el nacimiento de uno o más nacidos vivos y/o mortinatos. Nota: el parto de un solo bebé único o múltiple, es registrado como un solo parto.

TASA TOTAL DE NACIMIENTOS CON AL MENOS UN NACIDO VIVO.
Número total estimado de partos con al menos un recién nacido vivo como resultado de un ciclo de TRA iniciado o aspirado incluyendo todos los ciclos en fresco y los ciclos criopreservados y descongelados. Esta tasa es usada cuando todos los embriones −en fresco y los criopreservados/descongelados - de un ciclo de FIV han sido usados. Nota: El parto de un bebé único o múltiple, es registrado como un solo parto.

TÉCNICAS DE REPRODUCCIÓN ASISTIDA (TRA).
Todos los tratamientos o procedimientos que incluyen la manipulación tanto de ovocitos como de espermatozoides o embriones humanos para el establecimiento de un embarazo. Esto incluye, pero no está limitado sólo a, la fecundación in vitro y la transferencia de embriones, la transferencia intratubárica de gametos, la transferencia intratubárica de zigotos, la transferencia intratubárica de embriones, la criopreservación de ovocitos y embriones, la donación de ovocitos y embriones, y el útero subrogado. TRA no incluye inseminación asistida (inseminación artificial) usando espermatozoides ni de la pareja ni de un donante.

TEMPERATURA BASAL.
Temperatura que tiene el cuerpo en reposo, es decir, nada más despertarse y antes de levantarse, después de haber dormido un mínimo de seis a ocho horas. El método de la temperatura basal consiste en recoger en tablas la temperatura corporal a lo largo del ciclo menstrual. Éste método puede ayudar a concebir un hijo, ya que permite descubrir los periodos fértiles e infértiles del ciclo menstrual. Cabe destacar que algunos factores como el estrés o el con-

sumo de ciertos medicamentos pueden alterar los resultados. La temperatura corporal pasa por dos fases: al inicio del ciclo está más baja, lo que causa la ovulación, y después se eleva y comienza el periodo infértil de la mujer.

TERATOZOOSPERMIA.

Presencia en el esperma de los hombres de una cantidad anormal elevada de espermatozoides con morfología alterada (más del 85% de la muestra espermática).

TEST DE CLOMIFENO.

Prueba para la reserva ovárica en la cual la FSH sérica se valora al día 3 y 10 del ciclo menstrual y se da citrato de clomifeno del día 5 al 9.

TEST POSTCOITAL.

Test de evaluación de la infertilidad.

TESTÍCULOS.

Dos órganos reproductores masculinos en forma de huevo que están localizados en el escroto y que producen los espermatozoides y la hormona masculina testosterona.

TESTOTERONA.

Hormona sexual masculina segregada por los testículos y la glándula suprarrenal. Es la responsable del desarrollo de la mayor parte de las características físicas del varón maduro.

TORSIÓN OVÁRICA.

Rotación parcial o completa del pedículo vascular ovárico que causa obstrucción del flujo sanguíneo ovárico, y puede llevar a la necrosis de tejido ovárico.

TOXOPLASMOSIS.

Infección causada por un parásito unicelular llamado Toxoplasma gondii que, cuando afecta a una mujer embarazada, puede poner en peligro la salud del futuro bebé.

La causa más común de contraer esta infección es a partir del contacto de excrementos de gato o al comer carnes crudas o poco cocidas contaminadas con este parásito.

TRANSFERENCIA DE EMBRIONES (TE).

Procedimiento mediante el cual uno o más embriones son colocados en el útero.

TRANSFERENCIA ELECTIVA DE EMBRIONES.

Transferencia de uno o más embriones, seleccionados a partir de una cohorte más grande de embriones.

TRANSFERENCIA INTRATUBÁRICA DE GAMETOS (GIFT).

Intervención destinada al tratamiento de la infertilidad, que consiste en llevar los gametos masculinos y femeninos a la trompa de Falopio de la mujer para facilitar de este modo, las condiciones naturales de la fecundación.

TRANSLOCACIÓN.

Cuando hay intercambio de material genético entre dos o más cromosomas.

TRISOMÍA.

Anomalía genética que consiste en la presencia de un cromosoma adicional en uno de los pares normales. Esta anomalía presenta problemas en la expresión y regulación de la información genética, como es el caso de la trisomía 21 o denominada también síndrome de Down.

TROMBOFILIA.

Defectos o anomalías, congénitas o adquiridas, de diversos componentes del mecanismo hemostático que van a favorecer la formación, aparición o persistencia del trombo.

TROMPAS DE FALOPIO.

Conductos musculares de entre 10 y 14cm de largo y de 3mm de diámetro que conectan los ovarios y el útero de la mujer.

La trompa forma, alrededor del ovario, un pabellón parecido a un embudo, pegado sobre el ovario para recibir mejor el óvulo que se destaca del ovario durante la ovulación.

TUBO SEMINÍFERO.

Tubos intratesticulares donde se forman los espermatozoides.

URETRA.

La uretra es el conducto por el que pasa la orina en su fase final del proceso urinario desde la vejiga urinaria hasta el exterior del cuerpo durante la micción. La función de la uretra es excretora en ambos sexos y también cumple una función reproductiva en el hombre al permitir el paso del semen desde las vesículas seminales que abocan a la próstata hasta el exterior.

ÚTERO.

Se denomina también matriz o seno materno. Es el órgano de la gestación y el mayor de los órganos del aparato reproductor femenino. Tiene forma de pera y mantiene y nutre al feto durante el embarazo. Desarrolla también potentes contracciones rítmicas durante el parto para expulsar al feto en el momento del nacimiento.

VAGINA.

Órgano femenino que conecta el útero y el cuello uterino a la parte externa del cuerpo.

VARICOCELE.

Presencia de varices en las venas cercanas a los testículos. Esta afectación puede ser leve, moderada o severa y puede ser causa de infertilidad.

VASECTOMÍA.

Método utilizado para esterilizar al varón que consiste en la extirpación total o parcial de los conductos deferentes.

VEJIGA.

Órgano muscular y membranoso, a manera de bolsa y situada en la pelvis, que tienen muchos vertebrados y en el cual va depositándose la orina producida en los riñones.

VESÍCULA SEMINAL.

Glándula productora de parte del líquido seminal situadas en la excavación pélvica, detrás de la vejiga urinaria, delante del recto e inmediatamente por encima de la base de la próstata, con la que están unidas por su extremo inferior. Las vesículas seminales elaboran líquido seminal que se mezcla con los espermatozoides para formar el semen.

VESÍCULA VITELINA.

La vesícula vitelina es la primera estructura que se ve en la ecografía dentro del saco gestacional, generalmente, en la primera ecografía del embarazo. La vesícula vitelina es un elemento crucial en la vida temprana del embrión ya que es la principal vía de intercambio entre el embrión y la madre.

VITRIFICACIÓN.

Nueva técnica para preservar gametos y embriones que consiste en enfriarlos lo suficientemente rápido para que la transformación de líquido a sólido sea instantánea, sin dañarlos. Con la técnica tradicional (congelación) se dañaban algunos óvulos a causa de la creación de cristales de hielo (inexistentes en este nuevo proceso).

VOLUMEN OVÁRICO.

Utilizando un dispositivo de ultrasonido transvaginal se puede determinar el volumen de los ovarios. Permite medir la longitud, el grosor y la profundidad de cada ovario así como observar los folículos.

FUENTES

- https://www.invitrotv.com/diccionario/

- http://www.ginefiv.com/glosario/A/1

- http://www.cnrha.msssi.gob.es/bioetica/pdf/Tecnicas_Reproduccion_Asistida_TRA.pdf

- https://www.reproduccionasistida.org

- https://www.institutobernabeu.com

- http://www.ginefiv.com/blog

9 788417 193041